Robin Jones Gunn und Tricia Goyer

Bete für deinen zukünftigen Ehemann

CLV

Christliche Literatur-Verbreitung e. V.
Ravensberger Bleiche 6 · 33649 Bielefeld

Falls nicht anders vermerkt, sind die Bibelzitate der Elberfelder Übersetzung 2003, Edition CSV Hückeswagen, entnommen.

Originally published in English under the title:
Praying for Your Future Husband
by Robin Jones Gunn and Tricia Goyer

Published by Multnomah Books
an imprint of The Crown Publishing Group
a division of Penguin Random House LLC
12265 Oracle Boulevard, Suite 200
Colorado Springs, Colorado 80921, USA
Published in association with the literary agency of Janet Kobobel Grant
Books & Such, 5926 Sunhawk Drive, Santa Rosa, CA 95409, USA

International rights contracted through: Gospel Literature International
P.O. Box 4060, Ontario, California 91761, USA

This translation published by arrangement with
Multnomah Books, an imprint of The Crown Publishing Group,
a division of Penguin Random House LLC

1. Auflage 2017
2. Auflage 2019

Christliche Literatur-Verbreitung · Ravensberger Bleiche 6 · 33649 Bielefeld
Internet: www.clv.de

Übersetzung (einschließlich der Nachdichtung poetischer Texte): Hermann Grabe, Meinerzhagen
Umschlag: Lucian Binder, Marienheide
Satz: Anne Caspari, Marienheide
Druck und Bindung: CPI books GmbH, Leck

Artikel-Nr. 256283
ISBN 978-3-86699-283-2

Widmung von Robin

Für meine Tochter Rachel.
Du hast gebetet, hast gewartet und vertraut,
und Gott hat geantwortet.
Ja, und wie er antwortete!
Lass die gemeinsame Zeit der Freuden beginnen,
nachdem ihr euch gefunden habt!

Widmung von Tricia

Für meine Tochter Leslie.
Gleich Sternen am nächtlichen Himmel gibt es Millionen
von Jungen, die man sich als Partner wünschen könnte.
Ich bete für dich, du mögest den einen finden,
der deine Träume wahr werden lässt.
Und mögest du bei der Suche nach ihm
dem Ewigen näherkommen!

Gütig ist der HERR gegen die,
die auf ihn harren,
gegen die Seele,
die nach ihm trachtet.
Es ist gut,
dass man still warte
auf die Rettung des HERRN.
Es ist gut für einen Mann,
dass er das Joch in seiner Jugend trage.
Er sitze einsam und schweige,
weil er es ihm auferlegt hat.
Er lege seinen Mund in den Staub:
Vielleicht gibt es Hoffnung.

Klagelieder 3,25-29

Inhalt

1

Ein außerordentliches Geheimnis

Robin

Manchmal, wenn eine Idee einfach nicht aus dem Kopf gehen will, musst du gut aufpassen, wohin Gott dich »schubst«. So ging es uns mit diesem Buch.

Tricia und ich sind seit fast zwei Jahrzehnten Freundinnen, und beide sind wir Schriftstellerinnen. Aber unsere Lebensgeschichten und auch unsere Liebesgeschichten unterscheiden sich radikal. Dabei haben wir außer dem Schreiben noch eine interessante Gemeinsamkeit: Wir beide haben um unseren zukünftigen Ehemann gebetet, als wir noch Teenager waren. Aber wie führte das dazu, gemeinsam ein Buch zu schreiben?

Drei Ereignisse überzeugten uns, das zu tun.

Der erste Augenblick der Inspiration kam an einem prächtigen Novembernachmittag mit dem Gefühl äußerster Dringlichkeit über mich. Ich stand in Brasilien vor dreihundert Teenager-Mädchen in deren Schulcafeteria. Meine Teenie-Romane über Christy Miller und Sierra Jensen waren ins Portugiesische übersetzt worden, und die Lehrer dieser Schule verwendeten diese Bücher in ihrem Lehrplan. Das hieß, dass alle Mädchen sie gelesen hatten. Als mein Mann und ich die Cafeteria betraten, wurden wir von den Mädchen ziemlich lautstark begrüßt, so als wären die wirklichen Christy und Todd schon erwachsen und besuchten sie nun in Brasilien.

Um die schreienden Mädchen zu beruhigen, bat ich den Übersetzer, sie einzuladen, Fragen zu stellen. Eines der Mädchen hob die Hand und sprang vom Stuhl auf. Auf Portugiesisch fragte sie mich, was sie und ihre Freundinnen machen sollten, weil die brasilianischen Jungen meine Bücher nicht lesen würden.

»Was meinst du damit?«, fragte ich.

Sie sprach sehr leidenschaftlich, während der Übersetzer neben mir erklärte: »Sie sagte, sie und ihre Freundinnen hätten nach dem Lesen dieser Bücher gute Entscheidungen getroffen. Sie hätten ihr Leben Christus übergeben und wollten sich für ihren zukünftigen Ehemann rein erhalten. Aber leider griffen die Jungen in Brasilien nicht zu diesen Büchern. Sie träfen nicht die gleichen Entscheidungen, und nun wolle sie wissen, was man daran ändern könne.«

Mein Herz schlug heftig; denn alle Gesichter in der Cafeteria waren auf mich gerichtet, und alle erwarteten eine Antwort. Die junge Brasilianerin hatte eben ein weltweites Problem der gegenwärtigen Generation christlicher Frauen angesprochen. Ich hatte in vielen Briefen und E-Mails, die mich in den letzten Jahren erreichten, von dieser Frustration gehört. Aber niemand hatte mich gefragt, was getan werden könnte, um diesem Ungleichgewicht abzuhelfen, das zwischen gottesfürchtigen jungen Frauen und ihren männlichen Zeitgenossen bestand, die zu träge waren, Gott zu suchen. Was sollte ich dieser Brasilianerin sagen?

Die Worte, die mir aus dem Herzen gesprochen waren und eigentlich allen galten, lauteten: »Da habt ihr eine Menge Arbeit vor euch – ihr alle, die ihr den Herrn liebt. Ihr müsst jetzt anfangen, für euren zukünftigen Ehemann zu beten.«

Der Übersetzer gab ihr meine Antwort, und es wurde plötzlich ehrfurchtsvoll still im Raum. Vor mir saß eine Schar williger, aber ungeübter junger Brasilianerinnen, die bereit waren, den Kampf um die jungen Männer aufzunehmen. Aber wie sollten sie das tun?

Damals hätte ich gern etwas mehr gehabt, was ich diesen Mädchen anbieten konnte. Es ist eine Sache, ihnen zu sagen, sie sollten beten, aber eine ganz andere, ihnen zur Seite zu stehen und ihnen zu zeigen, wie man das macht. ›Wenn es doch nur ein Buch darüber gäbe!‹, dachte ich. Ich wünschte, einer meiner Sachbücher schreibenden Freunde machte sich an die Arbeit und schriebe eins. Doch es schien, als hätte niemand ein Herzensanliegen für solch ein Buch.

Der zweite entscheidende Augenblick kam zwei Jahre später. Tricia und ich waren zu einer Autorenfreizeit in Kalifornien gefahren. Während der Nachmittagspause gingen wir ins Schwimmbad. Ich ließ mich in einem Liegestuhl nieder und machte mir in meinem Tagebuch Notizen für den Roman, an dem ich gerade schrieb. Tricia überließ sich dem prächtigen Herbstsonnenschein und schlief ganz fest ein.

Plötzlich fuhr sie aus dem Schlaf, drehte sich zu mir um und sagte: »Wie bitte?« – so, als hätte ich mit ihr gesprochen, während sie schlief.

Ich sah sie an und sagte ganz unvermittelt: »Tricia, wir müssen zusammen ein Buch schreiben!«

»In Ordnung!«, sagte sie teilnahmslos, bevor sie wieder in ihren nachmittäglichen Schlummer versank. Einen Augenblick später hob sie wieder den Kopf: »Und worüber sollen wir schreiben?«

»Ich habe keine Idee.«

Dieser nette Gedanke huschte an mir genauso sanft vorüber, wie er Tricia berührt hatte. Und wir nahmen diese kleine Inspiration auf wie etwa ein Künstler eine schwimmende Feder oder ein Kind einen kleinen bläulichen Stein, den es dann in die Tasche steckt.

Während des nächsten Jahres holten wir dann und wann diese kleine Inspiration aus der Tasche und sprachen über das, was wir schreiben sollten. Wie alle kreativen Leute hatten wir viele Ideen. Doch die Gewissheit, die uns hätte eine letztendliche Bestätigung und thematische Klarheit geben können, fehlte noch. So warteten wir und beteten dafür ...

Der dritte Augenblick der Inspiration kam mit solcher endgültigen Klarheit, dass wir wussten, wovon das Buch handeln sollte.

Tricia und ich waren in Montana und bereiteten uns auf Ansprachen während einer Frauenfreizeit vor. Am Abend vor der Freizeit zogen wir uns in eine Hütte zurück, um die letzten Vorbereitungen zu treffen. Ich betrat die Hütte als Erste, während Tricia das Auto im Schnee einparkte. Ein niedlicher kleiner Junge mit strohblonden Haaren kam auf mich zu, hob seine Arme und erlaubte mir, ihn aufzunehmen. Seine erstaunte junge Mama sagte mir, er heiße Toby und sei achtzehn Monate alt; gewöhnlich sei er aber zu Fremden nicht so freundlich. Toby patschte mir ins Gesicht.

Dann kam Tricia herein, und Tobys Mutter erstarrte. Sie blickte Tricia an und sagte mit zitternder Stimme: »Ist das möglich? Sie sind doch diejenige, die vor zwei Jahren bei dem Frauenfrühstück mit mir gesprochen hat, stimmt's?«

Tricia sprach oft bei Veranstaltungen in Montana vor Teenager-Mädchen und vor Frauen, und so bezweifelte ich, dass sie sich an diese spezielle junge Frau bei dem besagten Frauenfrühstück erinnern konnte. Die junge Frau sagte: »Erinnern Sie sich daran, dass Sie darüber sprachen, eine Teenager-Mama gewesen zu sein, die Gott um einen gläubigen Ehemann gebeten hatte?«

Tricia nickte.

»Ich habe das auch getan. Ich betete und ...« Dabei kam sie näher heran: »Ich weiß nicht, ob Sie sich erinnern, dass ich Ihnen nach dem Essen sagte, ich hätte gerade festgestellt, schwanger zu sein.«

»Ich erinnere mich«, sagte Tricia.

»Ich hatte einen Abtreibungstermin in der Woche nach dieser Veranstaltung.« Die junge Frau blickte auf Toby, der sich in meine Arme geschmiegt hatte. »Aber nachdem Sie uns Ihre Geschichte erzählt und davon gesprochen hatten, wie Gott Ihre Gebete erhört hatte, sagte ich den Abtreibungstermin ab und bat um einen Ehemann, wie Sie es getan haben.«

Ihr Lächeln wurde breiter, und in ihren Augen bildeten sich Tränen, während sie Tricia berichtete: »Ich wollte Sie immer noch einmal sehen, um Ihnen zu sagen, dass Gott auch meine Gebete erhörte. Er hat einen wunderbaren Mann in mein Leben geführt. Der liebt mich, und er liebt meinen Sohn. Wir sind seit fast einem Jahr verheiratet. Ich mag nicht daran denken, wie mein Leben gerade jetzt aussähe, wenn ich nicht Ihre Geschichte gehört und getan hätte, was Sie mir damals geraten haben ...«

Danach umarmten wir uns alle drei und weinten miteinander. Wir konnten gar nicht wieder aufhören. Toby kletterte in Tricias Arme und empfing ihr Streicheln und ihre Küsse. Es war ein solch wunderbarer Augenblick. Der ganze Raum schien von Licht und Hoffnung erfüllt zu sein.

Nachdem Toby und seine Mama fortgegangen waren, saßen Tricia und ich in staunendem Schweigen beieinander. Wir beide wussten: Das war es. Das war das Thema des Buches, das wir zusammen schreiben sollten: Es sollte darum gehen, ***wie ein Mädchen oder eine junge Frau vertrauensvoll für den zukünftigen Ehemann beten kann***. Aber wir wussten auch, dass wir beide Romanautorinnen waren, die eigentlich gar nicht dafür infrage kamen, ihr Herz in dieses Projekt einzubringen. Doch wir machten uns an die Arbeit.

Als wir zu Papier brachten, was unsere Herzen bewegte, waren wir selbst erstaunt. Wir stellten kein Erste-Schritte-Handbuch zusammen und schrieben auch keine Vorlagen für wirksame Gebete. In den vergangenen Jahrhunderten wurden viele wunderbare Bücher dieser Art verfasst. Stattdessen sahen wir, wenn wir zum Beten und Schreiben zusammenkamen, wie ein Buch entstand, das wahre Geschichten zur Grundlage hatte. Sie handelten von dem, was Frauen erlebten, die für ihre zukünftigen Ehemänner gebetet hatten, und davon, wie Gott auf solche Gebete antwortete.

Wir kamen beide überein, unsere eigene Geschichte in diesem Buch wiederzugeben. Dazu gehörte einiger Mut. Und viele andere Frauen erlaubten uns ebenfalls, Teile ihrer Geschichten zu berichten – wie sie beteten, auf welche Weise Gott ihnen antwortete und wie sich dadurch ihr Leben veränderte. Das erforderte auch von ihnen Mut. Dazu entnahmen wir unseren Bibeln und einigen Zeitschriften passende Stellen oder Auszüge. Diese Zitate dienten sehr schön dazu, die Kapitel miteinander zu verbinden.

Als das Buch Gestalt annahm, entdeckten wir, dass das Gebet ein außerordentliches Geheimnis bildet.

Dieses heilige Privileg, mit unserem himmlischen Vater reden zu dürfen, ist mehr als eine freundliche, offene Einladung, jederzeit und von überall her zu ihm zu kommen. Obwohl seine Ohren 24 Stunden am Tag und sieben Tage in der Woche für das Schreien seiner Kinder offen sind, ist Beten mehr als das. Beten ist nämlich auch ein Gehorsamsakt. Wir werden ermahnt, für andere zu beten und es unablässig zu tun.

Weder Tricia noch ich geben vor, ganz ergründet zu haben, worum es beim Gebet geht. Aber wir wissen sehr wohl, dass Gott uns hört. Er sieht und kennt uns. Er kümmert sich mehr um uns, als wir uns vorstellen können. Und das Wichtigste ist: Er erhört Gebete.

Vielleicht hast du schon festgestellt, dass Gott oft auf unsere Gebete anders reagiert, als wir es erwartet haben. Jahre später blicken wir zurück und erkennen, dass das, was Gott getan hat, bei Weitem besser war als das, was wir zunächst haben wollten und weswegen wir unsere von Herzen kommenden Gebete himmelwärts sandten. Er erschuf uns, und er will nur das Beste für uns. Gott gibt das Beste immer denen, die es ihm überlassen, worauf alles hinauslaufen soll.

Ein anderes, fast noch größeres Geheimnis besteht darin, dass wir verändert werden, wenn wir für andere bitten. Jeder von uns wurde dazu erschaffen, um Liebe zu geben und um Liebe zu empfangen. Wenn sich dein Herz durch das Gebet mit dem vereint, der die Quelle wahrer Liebe ist, wirst du entdecken, dass das Gebet für deinen zukünftigen Ehemann auf wundersame Weise dein Herz verändern wird. Und wenn dein Herz verändert worden ist, wird dein ganzes Leben umgestaltet.

Welche Veränderungen wird Gott im Leben deines zukünftigen Ehemanns zuwege bringen, wenn du jetzt für ihn betest? Wir wissen es nicht.

Welche Veränderungen wird Gott in deinem Herzen herbeiführen, wenn du für den zukünftigen Ehemann betest? Das wissen wir ebenfalls nicht.

Aber wir wissen, dass es nur einen Weg gibt, das herauszufinden ...

2

Bete für sein Herz

VON DIR HAT MEIN HERZ GESAGT:
DU SPRICHST: »SUCHT MEIN ANGESICHT!« –
DEIN ANGESICHT, HERR, SUCHE ICH.

Psalm 27,8

Robin

Ich verrate euch ein kleines Geheimnis über wahre Liebe: Sie fängt im Herzen an.

»Na klar, das weiß doch jeder!«, sagst du vielleicht. Schon seitdem du den ersten roten, herzförmigen Valentinsgruß erhieltest, hast du das Herz als den Ort ausgemacht, wo die Liebe entsteht, sich einnistet und ein wärmendes Feuer unterhält. Das Herz ist der Ort, in dem bleibende Beziehungen ihren Ursprung haben und wo das Feuer der Liebe am Brennen gehalten wird.

Aber jeder, der schon ein gebrochenes Herz gehabt hat, weiß auch, dass das Herz ein sehr verwundbarer Ort ist, wo Beziehungen ausgelöscht werden können. Der Rauch und der Geruch schwelender Asche können den Sinn verdunkeln und alle Hoffnung für lange Zeit vernebeln.

Ich habe immer gemeint, das Herz sei mit einem Garten zu vergleichen. Was immer man darin pflanzt, wird bei richtiger Pflege auch schließlich darin wachsen. Und die Frucht des Gartens erkennt man an Worten und Taten dieser Person. Gott hatte den ersten Mann und die erste Frau in einen Garten gesetzt und war ihnen in der Kühle des Abends begegnet, und Gott kommt noch heute in den Garten unserer Herzen und ruft nach uns – nach jedem Einzelnen, wie er damals gerufen hatte: »Wo bist du?«

Wie antworten wir auf diesen Ruf? Adam und Eva begriffen, dass sie Gott gegenüber ungehorsam gewesen waren, und antworteten: »Wir haben uns gefürchtet, darum versteckten wir uns!«

Ich kam mit dreizehn Jahren aus dem Versteck. Das war auf einer Sommerfreizeit, wo der Redner etwas sagte, was wirklich zu mir durchdrang: »Gott hat keine Enkelkinder«, sagte er. »Nur weil eure Eltern Christen sind, seid ihr noch lange keine.«

Ich war mein ganzes bisheriges Leben lang in die Gemeinde gegangen, und ich hatte angenommen, ich sei ein Christ, weil ich zu einer frommen Familie gehörte und viele gemeindliche Veranstaltungen besuchte und tat, was meine Eltern taten. Der betreffende Mitarbeiter lud uns ein, nach dem Abendprogramm in der Kapelle zu bleiben und mit den Betreuerinnen darüber zu reden, wie man in eine lebendige Beziehung zu Christus kommen könnte.

Tatsächlich hatte ich während der ganzen Woche vor, in eine Beziehung zu treten. Aber die Beziehung, an die ich dachte, war die zu Bill Vanderland. Ich wollte ihn zum Freund haben. Eine bis in die Ewigkeit reichende Beziehung mit dem Herrn Jesus stand nirgends auf meiner Wunschliste, als ich mit den Freundinnen aus unserer Gemeinde in Tahquitz Pines ankam.

Eine meiner Freundinnen, Candi, zog schon am ersten Abend beim Lagerfeuer das Interesse eines Jungen auf sich. Es war Mittwoch, als sie und Dale bereits unter dem Tisch Händchen hielten, während wir gemeinsam bastelten. Am Donnerstagabend küssten sie sich hinter der Kapelle. Und am Freitagnachmittag fragte Dale Candi, ob sie seine Freundin werden wollte. Der Rest der Mädchen in Hütte vier konnte es nicht fassen. Wie hatte sie das geschafft? Wir alle wären gern wie Candi gewesen. Jede von uns sehnte sich danach, begehrt, umworben und geliebt zu sein.

Was Bill angeht, so wurde er in dieser Woche leider nicht mein Freund. Einmal zog ich trotzdem gegen Ende der Freizeit seine Aufmerksamkeit auf mich. Als wir am Freitag zu Abend aßen, saß ich direkt hinter dem Tisch, an dem er Platz genommen hatte, und starrte während der ganzen Mahlzeit auf seinen Hinterkopf. Innerlich flüsterte ich: »Na los, dreh dich mal um. Sieh mich an. Nimm mich wahr. Rede mit mir.«

Plötzlich gab es dazu eine Möglichkeit. Eine aus unserer Hütte sagte etwas Dummes, und ich brach in extralautes Gelächter aus. Ich meine »so richtig extralaut«, als könnte ich mich gar nicht wieder beruhigen.

Es funktionierte! Bill drehte sich um. Er sah mich an! Und das war's auch schon. Der Anfang und das Ende meiner Freizeitromanze.

So war's.

Während Candi und Dale am Freitag nach der Abendveranstaltung hinter den Tischtennisraum schlichen, blieb ich zurück, um mit meiner Betreuerin zu sprechen. Sie sagte mir, dass Gott mir seit dem Tag meiner Geburt nachgegangen sei und sich danach sehne, die Beziehung zu mir und zu uns allen wiederherzustellen.

Ich wusste, wie es ist, keine Beziehung zu Bill zu haben, sondern einfach übersehen zu werden. Ich fragte mich, ob es Gott meinetwegen genauso ging. Ich wusste, dass ich mich vor ihm so oft verbarg, sobald ich etwas Falsches machte, genau wie Adam und Eva. Ich wollte mich verbergen, um nicht ertappt zu werden.

»Darum brauchen wir Jesus«, erklärte meine Betreuerin. »Sein Tod und seine Auferstehung bahnten einen Weg für uns, damit wir in eine ewige Beziehung zu dem himmlischen Vater kommen.«

Sicher hatte ich während all meiner jahrelangen Sonntagsschulbesuche schon vieles von diesen Dingen gehört; aber an diesem Abend ergab dies alles einen Sinn. Die Einladung, in eine ganz persönliche Beziehung zu Gott zu treten, war in meinem Herzen angekommen, und ich wurde gläubig.

Während Candi und Dale hinter dem Tischtennisraum Küsse und Versprechungen austauschten, neigte ich neben der Freizeitbetreuerin den Kopf und öffnete Gott das Tor zum Garten meines Herzens. Ich lud Jesus ein, hereinzukommen und alles rein zu machen und neue Gedanken, Hoffnungen und Träume in die frisch umgegrabene Erde zu pflanzen.

Das lebensverändernde Gebet, das ich an jenem Abend flüsterte, war etwa so: »Herr, bitte vergib mir alles, was ich getan habe und was Dich traurig gemacht hat. Ich übergebe Dir mein Leben. Ich möchte ein Leben führen, an das Du gedacht hast, als Du mich schufst. Amen.«

An jenem Abend kam das tiefe Sehnen in mir zur Ruhe. Nicht durch einen Freund, den ich auf der Freizeit zufällig kennengelernt hatte, sondern durch die Gegenwart des einen, der mir versprach, mich nie zu verlassen oder mich aufzugeben.

Auf der Heimreise im Bus saß ich hinter Candi und Dale. Ich beobachtete, wie sie schmusten, und wünschte mir, ebenfalls mit einem Freund heimzukehren. Dann dachte ich an das, was ich gestern Abend gebetet hatte. Meinte ich wirklich, was ich gesagt hatte? Ich wollte ein Leben nach Gottes Plänen für mich führen – wirklich? Wenn aber zu diesem Plan gehörte, dass ich noch lange keinen Freund bekäme? Oder noch schlimmer: Wenn Gott wollte, dass ich niemals heiraten würde?

Plötzlich schien mir die Idee, Gott mein Leben zu überlassen, ziemlich gefährlich zu sein.

Und um ehrlich zu sein: Auf Gott zu vertrauen und mein Leben ihm zu überlassen und in einer ewigen Beziehung zu Jesus zu stehen, ist in der Tat gefährlich geworden. Denn dann gilt: Er ist Herr über alles, nicht ich. Verrückte Dinge sind im Lauf der Jahre passiert. Aber jeden Tag mit Christus zu leben, war auch atemberaubend und wunderbar und übertraf meine kühnsten Erwartungen. Ich weiß jetzt, dass ich kein anderes Leben führen möchte als das, an das Gott gedacht hatte, als er mich schuf.

Während meiner ersten Highschool-Jahre begann ich, darüber nachzudenken, wie der Junge, den ich einmal heiraten würde, auszusehen hat. Ich wusste, dass er gläubig sein musste. Wenn man in einer Beziehung lebt und jemanden als Lebenspartner hat, der Christus nicht nachfolgt, dann ist das so, als ob man in ein ungleiches Joch eingespannt ist, wie der Apostel Paulus in 2. Korinther 6,14 sagt. Ich wünschte mir für meinen Ehemann, dass er genauso eng mit Gott verbunden ist wie ich; denn ich wusste, dass uns dies auch als Ehepaar enger verbinden würde.

So betete ich oft: »Gott, wenn Du einen Mann für mich hast, den ich einmal heiraten soll, dann bitte ich Dich, er möge ein Gläubiger werden, wenn er es nicht schon ist.«

Mir war damals noch nicht klar, dass die Gebete für meinen zukünftigen Ehemann, er möge eine innige, persönliche Gemeinschaft mit Gott haben, nur der Anfang waren. Gott hatte weit größere Pläne für meine Gebete – nämlich Pläne, *mein Herz* genauso zuzubereiten, wie ich es für *das Herz meines künftigen Mannes* erbat.

Tricias frühe Teenie-Jahre unterschieden sich von den meinen; aber wie du noch vor Ende des Buches sehen wirst, hatte Gott auch über ihrem Leben von Anfang an seine Hand, genauso wie er seine Hand auch über deinem Leben und dem deines zukünftigen Ehemanns hat. Er hat wunderbare Pläne für uns alle.

DENN ICH WEISS JA DIE GEDANKEN,
DIE ICH ÜBER EUCH DENKE, SPRICHT DER HERR,
GEDANKEN DES FRIEDENS UND NICHT ZUM UNGLÜCK,
UM EUCH AUSGANG UND HOFFNUNG ZU GEWÄHREN.
UND IHR WERDET MICH ANRUFEN UND HINGEHEN
UND ZU MIR BETEN,
UND ICH WERDE AUF EUCH HÖREN.

Jeremia 29,11-12

Tricia

Ich begann, von meinem zukünftigen Ehemann eher zu träumen, als Robin es tat. Meine Träume begannen, als ich zehn war. Ich wusste, dass ich verheiratet sein wollte, um in einem kleinen Haus mit sechs Kindern, zwei Hunden und einer Katze zu wohnen. Bis ich erwachsen war, hatte ich meinen leiblichen Vater nie kennengelernt. Meine Mama und mein Stiefvater hatten sich mehr als einmal getrennt, und alles sah nicht sehr gut aus. Ich hatte mich entschlossen, den richtigen Mann zu heiraten und mit ihm mein Leben lang in Liebe verbunden zu bleiben.

Als ich Steven traf, war ich erst dreizehn; und doch war ich mir sicher, dass er dieser eine war.

Eine Woche später lud mich Tracey, Stevens Schwester, zu sich ein. Tracey und ich tranken unsere Limonade auf der Terrasse hinter dem Haus und beobachteten Steven, der mit Pfeil und Bogen auf Ziele schoss, die er im Garten aufgestellt hatte.

»Willst du es einmal versuchen?«, fragte Steven.

Der Bogen war schwerer, als ich gedacht hatte. Ich nahm einen Pfeil und legte ihn auf. Dann wollte ich die Sehne anziehen; aber das gelang mir nicht.

»Pass auf, ich helfe dir dabei.« Steven stand hinter mir und legte seine Arme auf die meinen. Ich konnte seine Brust auf meinem Rücken spüren. Seinen Atem fühlte ich warm auf meinen Wangen. Seine linke Hand bedeckte meine Linke, als er den Bogen erfasste. Zwei Finger seiner rechten Hand umfassten die Sehne direkt über der meinen. So half er mir, den Bogen zu spannen.

»Bei drei lässt du los«, flüsterte er. »Eins, zwei, drei!«

Der Pfeil löste sich vom Bogen und segelte durch die Luft. Er traf den zweiten Ring der Zielscheibe.

»Gut getroffen!«, rief Tracey.

Wir machten das noch ein paarmal, bis Tracey ins Haus gerufen wurde, weil sie beim Tischdecken helfen sollte.

»Los, komm!« Steven legte den Bogen auf einen Heuhaufen. »Ich will mit dir über etwas sprechen.«

Ich folgte ihm zu der windgeschützten Terrasse hinter dem Haus. Als ich mich an die Wand lehnte, waren seine Augen auf mich gerichtet. Mir wurde über und über heiß, und meine Knie zitterten. Ich hoffte, sie würden nicht ihren Dienst versagen, besonders als Steven näher kam. Ich war mir nicht sicher, ob sie mich aufrecht hielten.

»Meine Schwester sagt, dass du mich gern hast.«

»Hat sie das gesagt?«

Er lachte. »Stimmt das?«

Ich hob die Schultern und hoffte, nicht allzu dämlich auszusehen. »Na ja.«

»Gut.« Er kam näher und stützte sich mit den Händen hinter meiner Schulter an der Wand ab.

»Weil ich dich auch sehr mag.«

Dieser Augenblick fühlte sich an wie alles, worauf ich gewartet hatte. Solange ich denken konnte, hatte ich mich gefragt, ob ich – wie Aschenputtel – eines Tages auch meinen Märchenprinzen finden werde. Als ich in Stevens schöne blaue Augen starrte, konnte ich mir vorstellen, für immer mit ihm zusammen zu sein, mit ihm während der Highschool-Zeit auszugehen und gleich nach dem College zu heiraten.

Er lächelte und kam mir näher. Seine Fingerspitzen streichelten meine Wangen. Stevens Augen blickten in die meinen, und seine Lippen waren nur eine Handbreit von meinem Mund entfernt.

Ich hielt den Atem an und empfing den ersten Kuss. Das erste Gebet für meinen zukünftigen Ehemann folgte gleich darauf: »Bitte, Gott, lass Steven mich immer so lieben, wie ich ihn liebe!«

Ich war sicher, das Richtige von Gott erbeten zu haben – die Bitte, er möge alles so machen, wie ich es gern haben wollte. Aber da gab es ein Problem. Ich war gar kein Christ, und ich wusste nicht, worum es bei Gebeten geht. Ich verstand einfach noch nichts von der Herzensverbindung, die es zwischen Gott und mir und zwischen Gott und meinem zukünftigen Ehemann geben und die in Ordnung sein musste.

In dieser kleinen Tabelle siehst du, was ich jetzt über das Gebet weiß, was es ist und was es nicht ist.

Was Gebet ist	Was Gebet nicht ist
in ein Zwiegespräch mit Gott eintreten	Gott als den betrachten, der unsere Wünsche erfüllt
das Bestreben, Gottes Weisungen und Wegführungen zu erkennen	Gott darum bitten, unsere Entscheidungen »abzusegnen«
uns vor dem allmächtigen Gott demütigen	Rechte einfordern

DAS GUTE AM GEBET IST,
DASS WIR GOTT NÄHER KENNENLERNEN.[1]
Oswald Chambers

1 *Was ihr bitten werdet. Von der Macht des Gebets*, Marburg: Francke, 1991, S. 12.

Und wie steht es um dich?

Wie eng ist deine Beziehung zu Gott?

Unser himmlischer Vater ist heilig und vollkommen. Wir sind zerbrechlich und fehlerhaft. Gottes Wort sagt uns eindeutig, dass die einzige Möglichkeit, eine innige, persönliche Beziehung zu Gott zu bekommen, nur durch seinen Sohn, Jesus, zu erreichen ist.

Die gute Nachricht ist bei alledem, dass Jesus mehr nach einer solchen Beziehung trachtet, als wir es uns vorstellen können. Einfach atemberaubend! Der beste Zeitpunkt, das Tor zu dem Garten unseres Herzens zu öffnen, ist jetzt. Heute, in diesem Augenblick! Was genau du dabei zu ihm sagst, ist bei Weitem nicht so wichtig wie deine Herzenshaltung. Du sprichst mit dem allmächtigen Gott, dem Schöpfer des Weltalls. Er hat dich erschaffen. Er kennt dich. Und seitdem du geboren bist, will er, dass du aus deinem Versteck herauskommst. Er sieht dich sowieso.

RUFE ZU MIR,
UND ICH WILL DIR ANTWORTEN
UND WILL DIR GROSSE
UND UNERREICHBARE
DINGE KUNDTUN,
DIE DU NICHT WEISST.

Jeremia 33,3

Beten – aber wie?

Wie soll ich damit beginnen, für das Herz meines zukünftigen Ehemanns zu beten?

- Zunächst musst du selbst in eine Herzensbeziehung zu Gott eintreten.
- Bitte darum, dass dein zukünftiger Ehemann ein Christ wird.
- Bitte darum, dass er Gottes Wort liest, damit sein Herz verwandelt wird.
- Bitte darum, dass der Herr alle Widerstände auf seinem Weg wegräumt, die ihn davon abhalten, ein Christ zu werden.
- Bitte darum, Gott möge ihm jemanden schicken, der ihm die Gute Nachricht von der Errettung sagt.
- Bitte darum, Gott möge sein Herz zubereiten, damit er hört und Gottes Ruf beantwortet.

Sie betete … Gott antwortete

Es ist atemberaubend, wie Gott meine Gebete erhört hat. Mein Ehemann wuchs in einer nichtchristlichen Familie auf, und ich stamme aus einer christlichen Familie. Schon als Teenie begann ich, Briefe an meinen zukünftigen Ehemann zu schreiben. Ich datierte alle meine Briefe. Nachdem wir uns getroffen hatten und er mir seine Geschichte erzählt hatte, ging ich nach Hause und überprüfte alle meine Briefe. An dem ersten Tag, als ich anfing, für meinen zukünftigen Ehemann zu beten, wurde er gläubig!

– Jessica

Liebe Robin,

schon seit vielen Jahren will ich Dir erzählen, was seit den Tagen geschah, als Du meine Sonntagsschullehrerin warst. Als ich meinen künftigen Ehemann traf, war er ein Ungläubiger. Nachdem wir mehrere Jahre miteinander gegangen waren, bat er mich, ihn zu heiraten. In diesem Augenblick musste ich mir meiner Verantwortung bewusst werden, obwohl das eigentlich schon viel früher hätte geschehen sollen. Und so sah ich mich Gott und Dir, meiner ehemaligen Sonntagsschullehrerin, gegenüber verpflichtet, niemals eine Ehe zu beginnen, in der beide in einem »ungleichen Joch« sind. Du hattest uns eine Liste von »Voraussetzungen für Freundschaft und Heirat« gegeben. Oben auf der Liste stand, dass unser Partner ein Gläubiger und Nachfolger Jesu sein müsse.

So sagte ich Olivier, ich könne ihn nicht heiraten. Er hatte französische Wurzeln und entstammte einer säkularen jüdischen Familie, die den Holocaust überlebt hatte. Ich war ein kalifornisches Mädchen, das in einer christlichen Familie groß geworden war, und gehörte zu einer Gemeinde, in der die Bibel die höchste Autorität für alle Angelegenheiten des Lebens darstellte.

Ich betete die ganze Zeit für Olivier und ermutigte ihn andauernd, die Bibel und die messianischen Prophetien darin zu lesen. Das tat er auch eine kurze Zeit lang, allerdings ohne Er-

folg. Schließlich gab ich ihm das Buch **Alter Planet Erde wohin?** *von Hal Lindsey. Aufgrund der Bibelstellen, die er in diesem Buch fand, entdeckte Olivier, dass er Jeshua-Jesus für sein Leben brauchte. Bald danach hatte ich das Vorrecht, Olivier zu dem Messias Jesus Christus zu führen – und dann bat er mich wieder, ihn zu heiraten. Diesmal sagte ich »Ja«.*

Wir sind jetzt 27 Jahre verheiratet und haben Gottes außergewöhnliche Segnungen erfahren, weil wir unser Leben in einem »gleichen Joch« verbringen, indem wir diese Botschaft von dem Messias den Juden weitergeben.

– Ellen

IHR WERDET MICH SUCHEN
UND FINDEN,
DENN IHR WERDET NACH MIR FRAGEN
MIT EUREM GANZEN HERZEN.

Jeremia 29,13

Vorher

Bevor du anfängst, für deinen zukünftigen Ehemann zu beten, bedenke Folgendes:

In Johannes 15 erklärte Jesus seinen Jüngern, worum es geht, wenn wir unseren himmlischen Vater bitten und von ihm empfangen. Tatsächlich handelt das Gleichnis, das er ihnen erzählte, von einem Garten. Jesus sagte: »Ich bin der wahre Weinstock, und mein Vater ist der Weingärtner« (Vers 1). Dann sagte er uns, welche Aufgabe wir in diesem Zusammenhang haben: »Ich bin der Weinstock, ihr seid die Reben. Wer in mir bleibt und ich in ihm, dieser bringt viel Frucht, denn außer mir könnt ihr nichts tun« (Vers 5).

Beten heißt nicht, einen Wunsch, der einem gerade einfällt, in die Wolken zu schicken, noch bedeutet es, wie ein Bettler mit einer Wunschliste zu einer Audienz bei einem König vorgelassen zu werden. Als Gläubige sind wir in eine ewige Beziehung zu Christus eingetreten, und Gott hat uns in seine Familie aufgenommen. Wir sind seine Kinder. Du wirst zu einer Tochter des Königs des Universums. Wie Jesus es beschreibt, bist du eine mit dem Weinstock verbundene Rebe. Sein Geist wirkt in dir.

Nun bedenke dies: In Vers 7-8 sagte Jesus: »Wenn ihr in mir bleibt und meine Worte in euch bleiben, so werdet ihr bitten, um was ihr wollt, und es wird euch geschehen. Hierin wird mein Vater verherrlicht, dass ihr viel Frucht bringt, und ihr werdet meine Jünger werden.«

Die Liebe beginnt im Herzen

Der beste Ort, wo du anfangen solltest, für deinen zukünftigen Ehemann zu beten, ist der Garten deines Herzens. Werde eine Tochter Gottes und sieh dich selbst als eine mit Jesus verbundene Rebe. Er ist der wahre Weinstock. Bleibe in ihm! Lies die Bibel, damit seine Worte der Wahrheit in dir bleiben. Sage dann als vertrauensvolle Tochter deinem himmlischen Vater, was du begehrst.

Habe deine Lust am HERRN,
so wird er dir geben, was dein Herz begehrt!

Psalm 37,4 (Schlachter 2000)

Ein Gebet für ihn

Mein Gott und Vater! Ich bitte Dich für meinen zukünftigen Ehemann, dass Du ihn, wenn er Dich noch nicht kennt, in Dein ewiges Reich bringen mögest. Ich bitte Dich, mein zukünftiger Ehemann möge Dich suchen und finden. Ich bitte Dich, dass er Dich von ganzem Herzen sucht. Ich bitte Dich, dass Dein Heiliger Geist ihn zu Dir ziehen, sein Herz weich werden und er sich Dir unterwerfen möge.

So viele Dinge in dieser Welt ziehen uns von Dir fort. Da bitte ich Dich, dass mein zukünftiger Ehemann nicht von der Wahrheit weggeführt wird. Möge er entdecken, dass Du seine Seele liebst und dass die wichtigste Beziehung die ist, die er zu Dir hat. Ich bitte Dich, dass – einerlei, was seine Freunde tun – er sich zu Dir bekehrt und dass Du der Wichtigste in seinem Leben wirst.

Das bitte ich Dich um Jesu willen! Amen.

Ein Gebet für mich

Lieber himmlischer Vater! Ich danke Dir dafür, dass Du mein Gebet erhörst. Danke, dass Du meine Sünden vergibst und mich mehr liebst, als ich mir jemals vorstellen kann. Ich weiß, dass Du mich schon vor Grundlegung der Welt mit ewiger Liebe liebtest und mich immer noch liebst. Ich glaube, dass Deine Pläne mit mir gut sind und dass Du mir eine gute Hoffnung geschenkt hast, was die Zukunft betrifft.

Zeige mir alle Stellen im Garten meines Herzens, in denen meine Gedanken, Haltungen und Handlungen verändert werden müssen. Vor allem, Herr, wünsche ich, dass Du mich in eine engere Beziehung zu Dir selbst bringst. Ich bitte Dich, dass meine Gedanken an meinen zukünftigen Ehemann, an meine zukünftige Hochzeit und an meine zukünftige Ehe im Vergleich zu der Vorbereitung meines Herzens und der Vertiefung meiner Beziehung zu Dir völlig verblassen, weil das eine Beziehung ist, die ewigen Bestand hat.

Darum bitte ich in Deinem kostbaren Namen. Amen.

Meine Gedanken

über meinen zukünftigen Ehemann und mich selbst und unsere Beziehung zu Gott

....

....

....

....

....

....

....

....

Diskussionsfragen

Während ich diese Fragen aufschrieb, habe ich mir eine kleine Gruppe vorgestellt, die darüber nachdenkt, um Antworten zu finden. Du kannst über diese Themen auch mit deiner besten Freundin reden oder mit irgendjemandem sonst sprechen, den du besser kennenlernen möchtest – oder mit Gott selbst.

1. Erzähle von dem Tag, als deine Beziehung zu Jesus begann. Was empfandest du, als du mit deinem sündigen Leben zu ihm gingst und ewiges Leben dafür erhieltest?

2. Wenn du noch keine persönliche Beziehung zu Jesus begonnen hast, was hält dich zurück? Welche Fragen hast du, bei denen dir andere aus dieser Gruppe helfen können (oder eine Christin in deiner Gemeinde)?

3. Auch wenn wir Gott lieben, verstecken wir uns oft vor ihm. Warum machen wir das? Was sagt dir dein Verstecken darüber, dass du etwas verändern musst?

4. Wann hast du zum ersten Mal gefühlt, dass Liebe im Herzen beginnt? War es, als du in der Oberstufe einen Valentinsgruß von einem netten Jungen bekommen hast? Ist

es schon drei Jahre her, dass jemand, den du gernhattest, vor dir im Geschichtsunterricht saß? Wie hat das deine Vorstellung von dem, was Liebe ist, verändert?

5. Hast du jemals – wie Robin – andere Mädchen mit ihren Freunden gesehen und gewünscht, du wärest an ihrer Stelle? Was hilft in solchen Fällen?

6. Tricia hat uns von ihrem ersten Freund und ihrem ersten Kuss berichtet. Vielen von uns wird es ähnlich ergehen. Sie möchten gern Aschenputtel sein und wünschen, der Junge, der sie mag, möge der sein, mit dem sie immer zusammenbleiben. Hältst du das für realistisch? Warum – oder warum nicht?

7. Lies Jeremia 29,11-12. Was findest du das Größte an diesen biblischen Aussagen?

8. Worin besteht der Unterschied zwischen dem Gebet, Gottes Pläne möchten in deinem Leben zur Ausführung kommen, und der Bitte an Gott, er möge dir die Wünsche deines Herzens erfüllen?

9. Was empfindest du bei dem Gedanken, dass du in eine ewige Beziehung zu Gott getreten bist und er dich als seine Tochter ansieht?

10. In welcher Weise verstehst du Gott als deinen vollkommenen Vater? Und inwiefern gibt dir die Vorstellung, dass Gott dein liebender Vater ist, mehr Mut beim Beten?

11. Was ist das Erste, worum du im Blick auf das Herz deines zukünftigen Ehemanns bitten willst?

12. Wir werden oftmals selbst verändert, wenn wir für andere beten. Woran mag das liegen?

3

Bitte darum, dass er Gott liebt

DU SOLLST DEN HERRN, DEINEN GOTT, LIEBEN
MIT DEINEM GANZEN HERZEN
UND MIT DEINER GANZEN SEELE
UND MIT DEINER GANZEN KRAFT.

5. Mose 6,5

Robin

Du hast Gott gebeten, deinen zukünftigen Ehemann für immer in sein Reich zu nehmen. Nun bitte dafür, dass er Gott lieb gewinnt. Nein, ich habe nicht gesagt, er soll ein guter Liebhaber werden, sondern einer, der Gott lieb hat. Über die guten Liebhaber werden wir später reden. Fürs Erste möchte ich dir erklären, was ich damit meine; denn die deutsche Sprache hat nur zwei Ausdrücke für das Lieben: lieb haben und lieben. Dabei ist Liebe in all ihren Spielarten eine äußerst komplexe Angelegenheit. Und doch haben wir nur zwei Wörter dafür. (»Lieb haben« heißt nach der Bibel »ein Freund sein«, während mit »lieben« das gemeint ist, was Gott in seiner Liebe uns von seiner Liebe ins Herz gibt.) Das scheint ziemlich unzureichend für all das zu sein, was damit gemeint sein kann, nicht wahr?

Im Vergleich dazu hat die Sprache der Hawaiianer 69 Worte für Wind. Dieses eine Element, der Wind, berührt das Leben auf den von ihnen bewohnten Inseln auf höchst unterschiedliche Weise, je nachdem, wie er in Erscheinung tritt. Man kann sich den Unterschied vorstellen zwischen dem leichten Lüftchen, das höchstens »die Blüten bewegt«, dem ***Lupua***, und dem ***Aiko'o***, dem »Kanus fressenden« Sturm, der einem ungestüm entgegenschlägt, wenn man die Tür öffnet.

Es würde uns sicher helfen, wenn wir 69 Ausdrücke für die verschiedenen Formen der Liebe hätten. Es ist doch ein riesengroßer Unterschied, ob ein Junge dir sagt, dass er dich liebt, oder ob er meint: »Ich liebe Pommes mit Chilisauce.« Zumindest wäre es schön, wenn man das deutlich ausdrücken könnte.

Ich war fünfzehn, als mir ein Junge zum ersten Mal sagte, er liebe mich. Sein Name war Davey, und er war sechzehn. Wir begegneten uns bei einer Jugendveranstaltung. Er war ein netter Junge, und ich genoss natürlich die Aufmerksamkeit, die er mir entgegenbrachte. Wir hatten eine prächtige Zeit, und es war ein lustiger Tag. Allzu früh mussten wir Abschied nehmen.

Kurz bevor der Gemeindebus, in dem ich saß, losfahren wollte, kam Davey angelaufen und fragte aufgeregt, ob jemand einen Kuli hätte, damit er meine Telefonnummer aufschreiben könnte. Man warf ihm einen zu, und ich nannte ihm die Ziffern. Davey schrieb sie auf seine Handfläche.

Ich lehnte mich aus dem offenen Fenster. Unsere Fingerspitzen berührten sich, und als der Bus anrollte, rief er: »Ich liebe dich! Ich rufe dich an!« Meine Freundinnen hielten das für das Romantischste, was sie sich vorstellen konnten.

Davey rief mich einige Wochen lang jeden Abend an. Ich weiß nicht, was dann geschah; aber die Anrufe wurden seltener, bis sie schließlich ganz aufhörten. Vielleicht hatte er seine Hände gewaschen und so meine Telefonnummer verloren. Vielleicht war er auch zu einer anderen Jugendveranstaltung gefahren und hatte dort ein anderes Mädchen gefunden, und dann folgte seine nächste Liebeserklärung. Vielleicht hatte er auch nur viel zu tun und vergaß mich darüber einfach.

Meinte Davey es ehrlich, als er mir sagte, er liebe mich? Vielleicht – auf die schwankende, kurzlebige Art des lauen Lüftchens, das nur »die Blüten bewegt«. Wie es eben bei so hochfliegenden Augenblicksgefühlen passiert – so empfand er tatsächlich ein wenig »Liebeskummer« meinetwegen. Doch was immer er auch gefühlt haben mag, es war nicht die Art von Liebe, die andauert.

Wirklich wahre, andauernde Liebe gründet sich nicht auf Augenblicksgefühle. Wahre Liebe kommt aus Gottes Herzen. Seine Liebe verändert uns in unserem tiefsten Innern. Als der ewig Liebende geht er uns immer nach, weil wir seine erste Liebe sind, und er will uns zurückgewinnen.

GOTT SAGT: »ICH WERDE DICH NICHT VERGESSEN. SIEHE, IN MEINE BEIDEN HANDFLÄCHEN HABE ICH DICH EINGEZEICHNET.«

Jesaja 49,15-16

Anstatt mit Tintenpaste eines geliehenen Kugelschreibers, wie Davey es machte, sind unsere Namen mit geliehenen Nägeln und mit dem Blut seines Sohnes in Gottes Hände geschrieben.

Nein, das ist wirkliche Liebe, nicht die vergängliche Liebe, die höchstens »die Blüten bewegt«. Die bis zum Äußersten gehende Liebe Gottes zu seinen Kindern ist leidenschaftlich, »Kanus fressend«, lebensverändernd. Sie hat ihn veranlasst, seinen Sohn für uns hinzugeben. Und nun lädt Gott uns ein – nein, er befiehlt uns –, ihn genauso leidenschaftlich und von ganzem Herzen wiederzulieben. Er hat uns geschaffen, damit wir ihn lieben.

Bitte darum,
dass dein zukünftiger Ehemann Gott mit tiefer, unwandelbarer Liebe liebt

Als Jesu Jünger ihn fragten, was das wichtigste Gebot sei, dem sie folgen sollten, antwortete er: »Du sollst den Herrn, deinen Gott, lieben mit deinem ganzen Herzen und mit deiner ganzen Seele und mit deinem ganzen Verstand« (Matthäus 22,37). Dann befahl er ihnen, die anderen zu lieben. Gottes Vorstellung von tiefer, ausdauernder Liebe beginnt damit, ihn zuerst und über alles zu lieben.

Diese reiche, endlose Liebe muss der Boden sein, in dem unsere irdische Liebe wächst, wenn wir wollen, dass sie anhält. Wann immer eine Beziehung nur auf menschliche Anziehungskraft und auf Gefühle gegründet ist, hat sie nicht die Fähigkeit, ihre Wurzeln tief genug hinabzusenken, um ausreichend Nahrung zu gewinnen, die nötig ist, um sie gesund wachsen und stark werden zu lassen. Tricia entdeckte das früh in ihrer Beziehung zu Steven.

Mit ewiger Liebe habe ich dich geliebt;
darum habe ich dich zu mir gezogen aus lauter Gnade.
Jeremia 31,3 (Schlachter 2000)

Tricia

Alles, was nötig war, war dieser eine Kuss nach der Schießübung, und ich war völlig damit einverstanden, Stevens Freundin zu sein. Wir verbrachten viel Zeit miteinander. Wir wanderten über die Hügel hinter unserem Ort, und wir waren oft damit beschäftigt, im Park zu schaukeln. Nachts schlich ich mich häufig aus dem Haus und ging zu dem seinen hinüber, oder er kam heimlich zu mir. Dann saßen wir in den lauen Sommernächten im Gras und betrachteten den Mond. Und wir küssten uns andauernd.

Darum war es bald verständlich, dass Steven mehr wollte. So laufen die Dinge eben, oder? Ich dachte an die Filme, die ich gesehen hatte. Die Helden, die man dort sah, verliebten sich – genauso wie ich –, und dann schliefen sie zusammen. Im Innersten meines Herzens wusste ich, dass das nicht richtig war; aber ich wollte Steven nicht verlieren. Auch wollte ich nicht, dass er eine andere Freundin fand. Ich war mir sicher: Wenn ich Steven alles gab, was er wollte, dann würden wir immer zusammenbleiben. Weil ich so sicher war, dass ich ihn liebte und er mich, war ich bereit, mich ihm hinzugeben.

Aber noch bevor der Sommer zu Ende war, brachte Steven mir eine schreckliche Botschaft: »Meine Familie zieht weg!«

Meine Märchen-Seifenblase platzte. Er war aus meinem Leben verschwunden, und ich war allein. Ich meinte, mein Herz müsste brechen.

Mein Herz war nicht das Einzige in mir, was Hilfe brauchte. Gefühlsmäßig ging es bei mir völlig durcheinander. Wir hatten uns nicht nur körperlich, sondern ebenso emotional ziemlich eng aneinander gebunden. Mit meinen Gefühlen hing ich noch immer stark an Steven, und ich wusste nicht, wie ich davon loskommen konnte. Mir war ja nicht bewusst, dass Gott mir nachging und mich in eine enge, in seiner Liebe verwurzelte Beziehung zu sich ziehen wollte. Damals wusste ich nur, dass ich tief verletzt war. Und ich konnte mir nicht vorstellen, jemals wieder einen anderen Jungen zu lieben.

Und wie steht es um dich?

Einige von euch wissen, wie sich dieser Herzschmerz anfühlt, denn sie sind auch körperlich an einen Jungen gebunden. Andere wieder mögen sich nicht in körperlicher Hinsicht an einen

Jungen verschenkt haben, sind aber auf der gefühlsmäßigen Ebene recht weit gegangen. Und dein zukünftiger Ehemann mag in den gleichen Bindungen stecken.

Die unaussprechliche Schönheit der göttlichen ewigen Liebe als diejenige eines unerschütterlich Liebenden zeigt sich darin, dass er immer noch uns nachgeht, um uns zurückzugewinnen. Er schuf uns für eine enge Beziehung zu ihm und lässt sich durch nichts aufhalten, diese innige Gemeinschaft wiederherzustellen. Heute, genau in diesem Augenblick, ist der richtige Zeitpunkt gekommen, eine radikale Wende in deinem Herzen und Leben vorzunehmen. Bitte Christus, deine Liebe, deine Erwartungen und alle deine Hoffnungen auf ihn richten zu können. Vertraue ihm. Er hat dich für einen unermesslich hohen Preis erkauft. Er hat noch viel mit dir vor. Lauf nicht von ihm weg, lauf auf ihn zu. Verbinde dein Herz mit dem seinen. Werde eine, die Gott liebt!

Aus Robins Tagebuch

Du bist der Gott, der mich zurückerkauft –
stets wenn ich auf den Marktplatz geh
und einer Lüge mich verkauf,
erscheinst Du mit dem Gnadengeld
und kaufst mich dann zurück.
Zu jeder Zeit
ist mir Dein Wort genug,
das stets mich mahnt.
Du hast mit Deinem eignen Fleisch und Blut
von jenem Sklaventreiber mich erkauft

und ganz mich frei gemacht.
Ich bin nur Dein, o großer Gott.
Du kauftest mich – welch hoher Preis –,
möcht' ich auch heut nicht von Dir fliehn!

JA, ER LIEBT DIE VÖLKER;
ALLE SEINE HEILIGEN
SIND IN DEINER HAND.

5. Mose 33,3

Beten – aber wie?

Wie soll ich beten, damit mein zukünftiger Ehemann Gott wirklich liebt?

- Bitte Jesus, er möge alle gefühlsmäßigen und körperlichen Bindungen zu allen Jungen lösen, denen du dich in der Vergangenheit hingegeben hast. Jesus will der Einzige sein, den du von ganzem Herzen liebst.
- Bitte Jesus, dass er deinem zukünftigen Ehemann hilft, von allen emotionalen und körperlichen Bindungen an frühere Freundinnen frei zu werden.
- Bitte darum, dass ihr beide euer ganzes Herz und all eure Liebe auf den Herrn richtet.
- Bete dafür, dass ihr beide in Gott den unablässig Liebenden erkennt und euch der Blick dafür geschenkt wird, dass er euer Leben in sich gewurzelt sehen will.

Sie betete ... Gott antwortete

Ich begann, im College ernsthaft für den Mann zu beten, den ich einmal heiraten würde. Da gab es eine Zeit, in der ich mich gedrängt fühlte zu beten, Gott möge meinem zukünftigen Ehemann zeigen, dass seine damalige Beziehung gefährlich und zerstörerisch war. Ich schrieb eine Reihe von Gebeten in mein Tagebuch und bat Gott, er möge diesem Mann – den ich damals noch gar nicht kannte – Kraft und Entschiedenheit schenken, diese Bindung zu beenden. Mir war so deutlich, dafür beten zu sollen, dass ich es jeden Abend tat. Auch notierte ich diese Gebete in meinem Tagebuch.

Jahre später, als ich anfing, mich mit meinem künftigen Mann Michael zu verabreden, kamen wir auf frühere Beziehungen zu sprechen. Er hatte nur eine, und das genau zu der Zeit, als ich so intensiv für ihn betete. Diese Beziehung erwies sich letztendlich als zerstörerisch, und er beendete sie zu der Zeit, als ich mich nicht mehr veranlasst fühlte, dafür zu beten. Die Daten, die ich in meinen alten Tagebüchern neben die notierten Gebete geschrieben hatte, passten genau zu den Monaten, in denen er in dieser Beziehung war.

Ich werde nie Michaels erstaunten Blick vergessen, als ich ihm von meinen alten Tagebüchern und von jenen Gebeten erzählte. Er war wie betäubt und gleichzeitig von Emotionen überwältigt. Die Tatsache, dass Gott mich drängen konnte, wegen bestimmter Umstände in seinem Leben zu beten, als ich ihn noch gar nicht kannte, war ihm unbegreiflich. Aber wir beide konnten sehen, wie Gott seine Gnade und Liebe über uns ausgeschüttet und uns bereits miteinander verbunden hatte, bevor wir uns auch nur begegnet waren.

– Shannon P.

HIERAN HABEN WIR DIE LIEBE ERKANNT,
DASS ER [JESUS] FÜR UNS SEIN LEBEN HINGEGEBEN HAT.

1. Johannes 3,16

Ein Gebet für ihn

Lieber Herr Jesus, ich finde es so erstaunlich, dass Du meinen zukünftigen Ehemann schon sehen kannst. Du kennst ihn, und Du liebst ihn.

Herr, weil Du den Mann kennst, den Du für mich bestimmt hast, bitte ich Dich, jede andere Beziehung für ihn uninteressant zu machen. Ich bitte Dich, dass Du ihm Deinen besseren Weg zeigen mögest, wenn er dabei ist, einen Teil seines Herzens, seiner Gefühle oder seines Körpers zu verschenken.

Vor allem bitte ich, dass er Gott liebt. Ich bitte nicht nur, dass Du ihn von anderen, für ihn schädlichen Verbindungen fernhältst und ihn veranlasst, sich davon abzuwenden. Vielmehr bitte ich auch, dass Du ihn näher zu Dir ziehst. Möchte doch sein Herz ganz auf Dich gerichtet sein, sodass er nichts und niemanden sonst nötig hat, bis zu der Zeit, die Du bestimmt hast, mich in sein Leben zu bringen.

Und halte ihn alle Tage seines Lebens fest in Deiner Hand. Amen.

Ein Gebet für mich

Lieber Herr Jesus, vergib mir jedes Mal, wenn ich bei anderen nach Liebe ausgeschaut habe, obwohl ich stattdessen hätte bestrebt sein sollen, Deine Liebe zu suchen. Vergib mir, wo ich mich in verschiedener Hinsicht – verstandesmäßig, seelisch, geistig und körperlich – teilweise an andere verschenkt habe, während ich doch alles für Dich aufbewahrt haben sollte. Ich weiß, Herr, Dein Plan für unser Leben schließt ein, das Kostbarste für den einen zu bewahren, dem wir uns hingeben wollen; aber ich habe so oft versagt. Ich danke Dir, Herr Jesus, dass Du gekommen bist, um mir alles zu vergeben und mich weiß wie Schnee zu machen. Ich danke Dir, dass Du an meine Sünden, die Du mir vergeben hast, nie mehr denken wirst. Es ist, als seien sie nie geschehen.

Ich danke Dir, dass nur Du mein Herz aus den ungesunden Beziehungen herauslösen kannst, auf die ich mich eingelassen habe. Fang bitte an, Herr, mich daraus zu befreien, und höre nicht auf, bis Du fertig damit bist. Ich möchte Dich von ganzem Herzen lieben – mit ganzer Seele, mit aller Kraft und allen meinen Sinnen. Ich möchte als eine Frau bekannt werden, die Dich liebt. Amen.

ICH LIEBE, DIE MICH LIEBEN;
UND DIE MICH FRÜH SUCHEN, WERDEN MICH FINDEN.

Sprüche 8,17

Meine Gedanken

über meinen zukünftigen Ehemann und mich –
als diejenigen, die Gott von Herzen lieben

Diskussionsfragen

1. Was empfindest du bei dem Gedanken, dein zukünftiger Ehemann würde jetzt im Augenblick in einer Beziehung zu einer anderen Frau stehen? Wofür würdest du dann in Bezug auf deinen zukünftigen Ehemann beten?

2. Wenn du in einer Beziehung zu jemand anderem bist oder warst, was wird dann dein zukünftiger Ehemann darüber denken? Wenn du an den Tag denkst, an dem du deinem zukünftigen Ehemann begegnen wirst, wie betrachtest du dann dein augenblickliches Handeln?

3. Hast du jemals einen Jungen gehabt, der deine Telefonnummer auf seine Hand geschrieben oder etwas ähnlich Romantisches gemacht hat? Wie hast du dich dabei gefühlt?

4. Wie ist dir zumute, wenn du daran denkst, dass Gott deinen Namen in seine Handflächen eingezeichnet hat und dass diese Schrift nie verbleichen oder abgewaschen wird?

5. Tricia hat bekannt, mit ihrem ersten Freund intim geworden zu sein, weil sie meinte, dass alle das so machen, und sie das aus Filmen und Büchern sowie anhand von Beispielen aus ihrem Umfeld kannte. Auch wollte sie ihren Freund nicht verlieren. Welche weiteren Gründe bringen junge Frauen dazu, vor der Ehe sexuell aktiv zu werden?

6. In diesem Kapitel haben wir nicht nur über körperliche Bindungen gesprochen. Wie können sich zwei Personen sonst noch aneinander binden, wenn du insbesondere an den emotionalen Bereich denkst?

7. Wie kann Gott uns helfen, emotionale Bindungen zu lösen?

8. Lies Jeremia 31,3. Welches Empfinden hast du bei dem Gedanken, dass Gott dich zu sich ziehen will? Auf welche Weise hast du das in deinem Leben schon erfahren?

9. Shannon erzählte von ihrem Beten für ihren zukünftigen Ehemann. Ihr war es ein Anliegen, dass er eine zerstörerische Beziehung beenden möge. Später entdeckte sie, dass ihre Gebete ihm während dieser Zeit geholfen hatten. Hast du dich jemals gedrängt gefühlt, für deinen zukünftigen Ehemann auf eine ganz bestimmte Weise zu beten? Hast du es dann getan?

10. In ihrem Tagebuch schrieb Robin, dass sie sich an Lügen verkauft hatte. An welche Lügen hast du dich verkauft? Inwiefern stellt sich Gottes Wahrheit diesen Lügen entgegen?

11. Warum meinst du, dass es wichtig für deinen zukünftigen Ehemann ist, Gott wirklich zu lieben?

4

Bitte um Geduld

ICH WARTE AUF DEN HERRN, MEINE SEELE WARTET;
UND AUF SEIN WORT HARRE ICH.

Psalm 130,5

Robin

Ja, ich kenne den Spruch: Bitte nie um Geduld, weil Gott dir dann Trübsale schickt, an denen du Geduld lernen sollst. Du hast diese Redensart sicher auch schon gehört, nicht wahr?

Aber es gibt einen wichtigen Grund, um Geduld zu bitten. Nicht umsonst ist sie die erste Eigenschaft wahrer Liebe, die in 1. Korinther 13 aufgezählt wird.

Die Liebe ist geduldig

Schritt 1 in der ersten Lektion, die man bei dem Abenteuer wahrer Liebe lernen muss, ist Geduld. Sie ist die wesentliche Eigenschaft, die du vor der Ehe lernen musst, und sie ist unerlässlich, wenn du verheiratet bleiben willst.

Jedes Brautpaar, das bis zur Hochzeitsnacht rein blieb, wird dir berichten, wie ungeheuer schwer es war, verliebt zu sein und sich trotzdem verpflichtet zu fühlen, geduldig abzuwarten. Ich meine damit nicht nur zu warten, sich demjenigen, den man liebt, körperlich hinzugeben. Ich denke auch an die Schwierigkeit, auf den Richtigen zu warten, bis er endlich erscheint. Liebe erfordert eine Menge an Geduld vor dem Gang zum Traualtar, aber auch während dieses wichtigen Augenblicks und danach.

Wenn es wahre Liebe ist – von der Art wie Gottes unendliche Liebe, die du erleben möchtest –, dann ist Geduld eine der Schlüsselzutaten zu dem Rezept für wahres Glück.

HARRE AUF DEN HERRN! SEI STARK,
UND DEIN HERZ FASSE MUT, UND HARRE AUF DEN HERRN!

Psalm 27,14

Als Teenie hielt ich die Angst vor dem Warten in Schach, indem ich meine entsprechenden Gedanken zu Papier brachte. Daher kam ich auf die Idee, in meinem Roman ***Island Dreamer*** Christy einen Brief an ihren zukünftigen Ehemann schreiben zu lassen. An meinem 16. Geburtstag schrieb ich nämlich selbst meinen ersten Brief an meinen zukünftigen Ehemann. Ich erzählte ihm, dass ich für ihn bete und dass ich auf ihn warte. Ich faltete den Brief zusammen und legte ihn in einen Schuhkarton. Den versteckte ich unter meinem Bett und begann zu warten … zu warten auf meine erste richtige Verabredung, auf meinen ersten richtigen Freund und meinen ersten wirklichen Kuss.

Christy Millers Eintrag in ihrem Tagebuch für ihren zukünftigen Ehemann

Heute bin ich sechzehn geworden, und es mag Dir verrückt erscheinen, dies jetzt Dir zu schreiben; aber dieser Brief ist meine Art und Weise, Dir ein schriftliches Versprechen zu geben.

Vielleicht kenne ich Dich schon, vielleicht bin ich Dir noch nie begegnet. Einerlei. Ich will mich für Dich aufbewahren. Ich möchte Dir mein ganzes Selbst, mein Herz und meinen Körper und alles, was ich bin und habe, an unserem Hochzeitstag schenken.

Es macht mir nichts aus, wie lange das noch dauert und wie schwer es mir fällt; aber ich verspreche Dir, dass ich niemand anderem gestatten werde, mich »auszupacken«; so werde ich in der Hochzeitsnacht ein solches Geschenk für Dich sein, das Du froh entgegennehmen wirst.

Ich weiß, ich habe noch etliche Jahre vor mir, bevor ich verheiratet bin, wer immer Du auch sein magst. Darum will ich dieses Versprechen jetzt geben, sodass – einerlei, mit wem ich mich verabrede – ich mich immer als ein Geschenk ansehe, das ich Dir allein eines Tages übergeben werde.

Ich möchte jetzt auch anfangen, für Dich zu beten – wo Du auch sein magst und wer immer Du auch bist –, dass Gott Dich für mich aufbewahrt und dass Du alles, was Du hast, für mich ebenfalls aufhebst.

Ich liebe Dich jetzt schon,

Deine zukünftige Frau,

– Christina Juliet Miller[2]

2 Aus dem Roman ***Island Dreamer***, der in der Christy-Miller-Reihe erschienen ist.

Bitte darum,
dass dein zukünftiger Ehemann Geduld entwickelt und auf dich wartet

Dann wurde ich krank, richtig krank. Ich konnte nicht zur Schule gehen und musste beinahe drei Monate lang im Bett liegen. Eine Hauslehrerin kam jede Woche für einige Stunden zu mir, damit ich den Anschluss an den Schulstoff nicht verlor und das entsprechende Highschool-Jahr schaffte.

Als der Sommer begann, fing ich an, mich besser zu fühlen; da hatten meine engsten Schulfreundinnen bereits alle einen Freund. Obwohl es mir jetzt so gut ging, dass ich wieder alles mitmachen konnte, wurde ich nicht in ihre Wochenendpläne einbezogen, weil ich keinen Freund hatte. Ich blieb zu Hause und wartete dort darauf, dass sich bei mir in Sachen Partnerschaft etwas tat.

Warten ist schrecklich.

Allerdings können die Konsequenzen für den, der nicht wartet, schlimmer sein.

Tricia kann darüber einiges sagen.

BREITE DEINE BITTEN VOR GOTT AUS
UND SAGE DANN:
»DEIN WILLE,
NICHT DER MEINE,
SOLL GESCHEHEN.«
DIE ALLERSCHÖNSTE LEKTION,

DIE ICH IN GOTTES SCHULE GELERNT HABE,
IST DIE, DEN HERRN FÜR MICH AUSWÄHLEN ZU LASSEN.[3]

Dwight L. Moody

Tricia

In meinem zweiten Jahr an der Highschool war ich »Cheerleaderin«. Eines Tages, als ich mir mit fünf anderen »Cheerleaderinnen« nach dem Unterricht draußen die Zeit vertrieb, nahm ich einen neuen Jungen im Footballteam[4] wahr. Man erwartete von uns, dass wir das geplante Programm einübten; aber wir fanden die Jungen, die das Spielfeld in ihren Vereinsdressen verließen, viel interessanter.

»Ich glaube, er heißt Robbie«, sagte meine Freundin Jennifer. »Er ist neulich erst hergezogen.«

Robbie blickte beim Fortgehen zu uns herüber, und seine Augen trafen die meinen. Er hatte blonde Haare und konnte prächtig lächeln. Irgendwie erinnerte er mich an Steven, und ich fühlte mich sehr verlassen. Ich hatte Liebe erlebt; aber ich hatte sie verloren. So sehnte ich mich nach dem Gefühl, wieder geliebt und angenommen zu sein.

Ich wandte mich erneut zu meinen Freundinnen um, und mein Körper führte rein mechanisch die üblichen Bewegungen aus, die zum »Cheerleading« gehören, doch mein Sinn war bei Robbie. Er war netter als die meisten Jungen an unserer Schule,

3 A. d. H.: Vgl. eine ähnliche Wiedergabe des Zitats auf folgender Website: https://www.bible.com/de/reading-plans/254-daily-devotions-with-greg-laurie/day/9 (abgerufen am 19. 4. 2017).

4 A. d. H.: Gemeint ist offensichtlich American Football, eine der populärsten Sportarten in den USA.

und ich wollte ihn zum Freund haben. Man sollte mich an seiner Seite sehen. Ich wollte einfach wieder begehrt sein.

Kurz nachdem Steven weggezogen war, begann ich, mich mit einem anderen Jungen zu verabreden. Nach ihm kam noch ein anderer Freund; aber das dauerte auch nicht lange. Jedes Mal, wenn ich einen Freund hatte, war mir, als sei ich immer schon auf der Suche nach dem, der dann seinen Platz einnehmen könnte, wenn wieder alles schiefging.

Sobald ich einen neuen sah wie Robbie, verbrachte ich die meiste Zeit mit ihm, oder ich redete mit ihm am Telefon. Mir fehlte irgendwie etwas, wenn ich diese Person nicht um mich hatte. Sobald wir getrennt wurden, fühlte ich mich verlassen. Es machte mir einfach großen Kummer, wenn wir nicht beieinander waren. ›Was, wenn er eine andere fand?‹ So versuchte ich immer, die Aufmerksamkeit meines jeweiligen Freundes auf mich zu ziehen, um seine Liebe zu erhalten.

Als die Schule wieder anfing, fand ich es prima, dass Robbie in meinem Kurs war, in dem wir die Grundlagen des technischen Zeichnens lernten. Wir waren Banknachbarn und sprachen miteinander, während wir Baupläne für unser Klassenprojekt anfertigten. Wir beide hatten uns viel zu erzählen und gingen schon bald danach miteinander aus. Mit Robbie zusammen zu sein, erregte dieselben Emotionen, die ich bei Steven empfunden hatte, und innerhalb weniger Monate gab ich mich Robbie völlig hin.

Aber weil ich mich einfach verschenkte, musste ich Entscheidungen fällen, von denen ich nie gedacht hatte, dass sie nötig würden. Mit fünfzehn Jahren und weniger als zwei Jahre nach meinem ersten Kuss merkte ich, dass ich schwanger war.

›Ich? Wie war das bloß möglich?‹

Von diesem Augenblick an sollte mein Leben nie wieder werden, wie es war.

IN DEINER HAND SIND MEINE ZEITEN.

Psalm 31,16

Und wie steht es um dich?

Wie gehst du damit um, auf den Herrn und sein Timing in deinem Leben zu warten? Findest du es zunehmend schwieriger, geduldig zu sein, wenn die Monate und Jahre vorüberrauschen? Es ist nicht leicht, geduldig zu bleiben, wenn man sieht, wie alle Freundinnen ihren festen Freund haben und heiraten, während man selbst unbeachtet bleibt.

Woran sollst du in solch einer Zeit in deinem Leben arbeiten? Worin besteht deiner Ansicht nach der diesbezügliche Wille des Herrn? Setze auf keinen Fall deine moralischen Maßstäbe herab. Fang bitte nicht an, Entschuldigungen zu suchen, um Handlungen oder Beziehungen zu rechtfertigen, von denen du tief in deinem Inneren weißt, dass sie nicht das sind, wonach du eigentlich strebst. Was kannst du heute tun, um ein solches destruktives Verhalten zu ändern? Worin bestehen die neuen Entscheidungen, die du treffen müsstest?

Ganz wichtig ist dabei, dass man zur Ruhe kommt. Betrachte diese Zeit als Gottes Möglichkeit, Geduld in dir zu bewirken. Und vergiss nicht: Die Liebe ist geduldig.

Wirst du eines Tages verheiratet sein? Von den Statistiken her wird es höchstwahrscheinlich der Fall sein. Dabei wissen wir alle, dass verheiratet zu bleiben, viel wichtiger ist, als eben nur zu heiraten. Wenn du dich in diesem angespannten Warten bewährst und Gott dabei erlaubst, Geduld in dir zu entwickeln, wird das dir nichts als Segen einbringen für die schwierigen Zeiten, die alle verheirateten Paare durchleben.

Ich möchte dir ein Bild malen, das dir in dieser schweren Zeit des Geduld-Lernens helfen kann: Stell dir dein Leben als ein Garnknäuel vor, aus dem du wenige Zentimeter herausgezogen hast, und betrachte dieses kurze Ende als die Menge an Zeit, die du jetzt auf deine Ehe wartest. Blicke nun auf den großen Rest des Knäuels. Das sind viele Zentimeter, und sie entsprechen der Zeit deines Lebens, die du mit dem Mann verbringen wirst, den Gott dir in dein Leben schickt. Die ersten paar Zentimeter Garn sind nichts im Vergleich zu dem ganzen Knäuel, das darauf wartet, aufgerollt zu werden. Kannst du so lange warten? Ganz sicher!

WIR RÜHMEN UNS AUCH DER TRÜBSALE, DA WIR WISSEN, DASS DIE TRÜBSAL AUSHARREN [D. H. GEDULD] BEWIRKT, DAS AUSHARREN ABER BEWÄHRUNG, DIE BEWÄHRUNG ABER HOFFNUNG; DIE HOFFNUNG ABER BESCHÄMT NICHT, DENN DIE LIEBE GOTTES IST AUSGEGOSSEN IN UNSERE HERZEN ...

Römer 5,3-5

Wie würdest du dein Tun während dieser Wartezeit bezeichnen, die den wenigen Zentimetern des Knäuels entspricht? Wachst und betest du, wozu Jesus seine Jünger aufforderte (siehe Matthäus 26,41)? Vertraust du auf Gott und wartest ab? Oder stürmst du eigenmächtig voran?

Vielleicht hast du schon sehr viel gebetet; aber Gott hat nicht erhört. Deine Gebete gleichen Blumenzwiebeln, die du vor Einbruch des Winters im Garten gepflanzt hast. Und immer noch ist Winter. Wenn du nachgeprüft hast, was daraus geworden ist, hast du nichts als Öde, Frost und Verderben gesehen. Du kannst dir gar nicht mehr die Wärme deines Glaubens vorstellen, die du empfunden hast, als du anfingst, deine Gebete in einer Zeit von Licht und Hoffnung zu »pflanzen«.

Nur Geduld, liebe Schwester, die du Gott liebst! Mit deinen Gebeten ist alles in Ordnung. Lass sie allesamt sicher bei Gott verborgen sein. Halte an der Hoffnung fest, dass er sie gehört hat und nun in dem Garten deines Herzens an der Arbeit ist.

An einem schönen Frühlingsmorgen wirst du mit Staunen sehen, was Gottes Auferstehungskraft mit jenen Bitten gemacht hat, die so lange vergraben dalagen.

Er [Jesus] sagte ihnen aber auch ein Gleichnis dafür, dass sie allezeit beten und nicht ermatten sollten.

Lukas 18,1

Beten – aber wie?

Wie soll ich beten, damit Gott auch in meinem zukünftigen Ehemann Geduld bewirkt?

- Bitte darum, dass er sich zu Gott wenden und dass Gottes Friede ihm helfen möge, innerlich ruhig zu bleiben und zum Warten bereit zu werden.
- Bitte darum, dass er stilles und beständiges Vertrauen zu Gott haben möge.
- Bitte darum, dass er in allen Lebenslagen zufrieden ist.
- Bitte darum, dass seine Augen auf Zukünftiges und nicht auf die Erfüllung von Augenblickswünschen gerichtet sind.
- Bitte darum, dass er nicht auf Erfüllungen drängt, bis die Zeit dafür gekommen ist.
- Bitte darum, dass er auf Gottes Wissen um den rechten Augenblick vertraut.
- Bitte darum, dass er sich an all die Gelegenheiten erinnert, bei denen Gott mit ihm Geduld hatte.
- Bitte darum, dass er mit Hoffnung und glaubender Erwartung erfüllt ist.

Pass aber auf, dass du dasselbe auch für dich erbittest, wenn du dies für deinen zukünftigen Ehemann erflehst. Geduld ist, als würdest du eine geschlossene Knospe in der Hand halten und dabei an die weiße Rose denken, die daraus werden soll. Erlaube jedem einzelnen Blütenblatt, sich auf seine Weise langsam zu entfalten. Kannst du die Schönheit jedes einzelnen Zustands erkennen? Merkst du, wie Gottes Hand die deine umschließt und wie er mit dir zusammen diese Entfaltung beobachtet?

Seid fröhlich in Hoffnung,
in Bedrängnis haltet stand, seid beharrlich im Gebet!
Römer 12,12 (Schlachter 2000)

Sie betete … Gott antwortete

Für mich bestand das Warten darin, fortwährend und immer wieder auf jeden Jungen zu schauen, der Interesse an mir zeigte (und manchmal auch auf solche, die es nicht taten). Ich wollte auf keinen Fall verpassen, was Gott mir eventuell zeigen wollte. Darum hatte ich auch eine detaillierte Liste dessen erstellt, was ich erwartete, wirklich eine **sehr detaillierte Liste***. Für das alles betete ich, und zum Schluss sagte ich: »So möchte ich es haben, nun gib mir bitte, was ich brauche!«*

Schon vor Jahren hatte ich angefangen, für meinen zukünftigen Ehemann zu beten, doch als ich merkte, dass keiner der jungen Männer, denen ich begegnete, diesen Vorgaben entsprach, hörte ich damit auf.

Gerade da zeigte Gott seinen Sinn für Humor, indem er mich Jackson treffen ließ. Er entsprach nicht dem, wofür ich gebetet hatte – so meinte ich zumindest. Doch als ich meine Liste durchging und alles überprüfte, hatte er alles, sogar die blauen Augen. Und jetzt, sechzehn Jahre später, sind wir immer noch verrückt vor Liebe.

– Tracey

Wo bist du?

Ich habe so geduldig gewartet.
Wo bist du?
Sie sagten, wenn ich so wartete, als würde ich nichts erhoffen,
würde etwas geschehen – dann würdest du kommen.
Wo bist du?
Ich habe seit Jahren von dir geträumt,
und doch werden all diese Träume nicht wahr.
Wo bist du?
Ich habe dir Briefe geschrieben und sie für dich aufbewahrt.
Wo bist du?
Jeder in meinem Umfeld findet eine Antwort auf diese Frage,
während ich allein dasitze.
Wo bist du?
Stellst du die gleiche Frage meinetwegen?
Ich bin doch hier.
Wo bist du?
Ich sitze mit leeren Händen da, denn nur du kannst sie füllen.
Wie lange muss ich warten?
Ich bin bereit. Und du?
Warten ... mein Leben erscheint mir
wie eine Kette endlosen Wartens.
Wie finde ich einen Ausweg?
Wohin soll ich gehen, um dich zu finden?
Warum sieht es aus, als ob bei mir alles danebengeht,
während den anderen alles gelingt?
Wo bist du?

– Rachel Gunn

Ein Gebet für ihn

Lieber Herr, ich bitte Dich, während die Jahre vorübereilen, dass das wichtigste Spiel, das mein zukünftiger Ehemann gewinnen möge, das Warte-Spiel ist. Ich bitte darum, dass ihm ein weiter Blick für die Zukunft geschenkt wird und dass er sehnsüchtig auf mich wartet, statt in dem Gefühl, etwas zu verpassen, auf den Augenblick zu sehen. Ich bitte Dich: Lass ihn so sehr mit Deiner Liebe erfüllt sein, dass ihm alles andere unwichtig erscheint. Befestige ihn in Deinem Wort und lass ihm den Gedanken, einfach so dahinzuleben und nach Augenblicks-Antworten zu suchen, reizlos erscheinen.

Vater, Dein Wort sagt, dass Geduld durch Trübsale entsteht. Darum bitte ich Dich: Wenn mein zukünftiger Ehemann durch Trübsale des Lebens geht, lass ihn begreifen, dass Du ihn begleitest und ihn sogar zeitweise trägst. Und möge die dabei entstehende Geduld ihm nicht nur helfen, auf mich zu warten, sondern ihn auch auf das Leben mit mir vorbereiten. Amen.

Ein Gebet für mich

Lieber Herr, ich will mich nicht nach jedem neuen Jungen, der in mein Leben tritt, umdrehen und mich nicht stets dabei erwischen, meine Zukunftswünsche auf ihn zu übertragen. Lass mich stattdessen auf Dich blicken. Darum bitte ich Dich. Und anstatt neidisch auf all das Vergnügen meiner Freundinnen zu blicken, das sie in ihren Beziehungen zu haben scheinen, lehre mich, als gute Freundin ihre Freude zu teilen, wenn sie wirklich echt ist. Öffne meine Augen für den Schmerz, den sie erfahren werden, wenn die Dinge sich anders entwickeln, als sie es erhofften. Und mit Deiner Liebe im Herzen hilf mir, sie zu trösten, wenn sie Kummer haben.

Ich bin ungeduldig, Herr: Ich will das, was ich haben will, immer sofort haben. Zeige mir, welch schöne Frucht die Geduld in meinem Leben hervorbringen kann und wie sehr ich dadurch mit Frieden beschenkt werde. Lehre mich, auf Dich zu warten. Hilf mir, darauf zu vertrauen, dass Du die richtigen Antworten hast, und offenbare sie mir zu Deiner guten und richtigen Zeit!

Vergib mir, Herr, dass ich bei so vielen Gelegenheiten nicht auf Dich gewartet und nicht Deinem Willen entsprechend gehandelt habe. Vergib mir, wo ich die Dinge selbst in die Hand genommen habe und mich durch mein törichtes Herz in die falsche Richtung leiten ließ – fort von Dir und von dem, was Dein Herz für mein Leben vorhatte. Und wo immer meine Ungeduld mich zur Sünde verleitet hat, vergib mir! Mache mich rein. Gib mir Kraft zum Warten.

Das bitte ich Dich in dem allmächtigen Namen Jesu. Amen.

WENN MAN SAGT: »BETEN VERÄNDERT DIE DINGE«, KOMMT DAS DER WAHRHEIT NICHT SO NAHE, WIE WENN MAN SAGT. »BETEN VERÄNDERT *MICH*, UND DANN VERÄNDERE ICH DIE DINGE.«[5]

Oswald Chambers

5 URL: http://input.efa-nuertingen.de/der-sinn-des-gebets-28-august/ (abgerufen am 19. 4. 2017).

Meine Gedanken

über meinen zukünftigen Ehemann und über mich und unsere Fähigkeit zur Geduld

....

....

....

....

....

....

....

....

....

Diskussionsfragen

1. Warum fällt uns in der heutigen Gesellschaft die Geduld so schwer?

2. In welcher Hinsicht stürmst du eigenmächtig voran, um deinen zukünftigen Ehemann zu finden, anstatt auf Gottes Timing zu warten?

3. Gott sagt: Die Liebe ist geduldig. Inwiefern ist Geduld ein Ausdruck von Liebe?

4. Lies Psalm 31,16. Auf welche Weise hilft dir das Wissen, dass Gott deine Zeit in seinen Händen hält?

5. Robin begann, an ihrem 16. Geburtstag Briefe an ihren zukünftigen Ehemann zu schreiben. Hast du schon einen Brief an deinen zukünftigen Ehemann geschrieben? Was fandest du daran so reizvoll? Oder hast du eher gezögert, so etwas zu tun?

6. Als Steven weggezogen war, suchte Tricia nach Jungen, die seine Stelle einnahmen und ihr leeres Inneres ausfüllten. Kennst du eine junge Frau, die sich so sehr nach Liebe sehnt? Woher rühren ihre Bemühungen, alles Mögliche zu unternehmen, um Liebe zu erfahren?

7. Nachdem Tricia sich auch in körperlicher Hinsicht an einen Jungen verschenkt hatte, fiel es ihr leichter, den Weg bergab weiterzugehen. Auf welche Weise hätte ihr deiner Meinung nach Geduld helfen können?

8. Hast du auch schon einmal die Frage aus Rachels Gedicht gestellt (»Wo bist du?«)? Welche Zeile hatte dir am meisten zu sagen?

9. Was gehört nach deiner Ansicht für deinen zukünftigen Ehemann zu den schwierigsten Dingen, wenn es darum geht, Geduld zu bewahren? Wie könntest du für solche Kämpfe beten?

10. Wie könnten der Aufblick zu Gott und die Konzentration auf ihn dir helfen, in allen Lebenslagen geduldig zu bleiben?

11. Worum könnten deine Freundinnen beten, damit du durch diese Dinge und in ihnen geduldiger wirst?

5

Bitte um Verständnis

DURCH WEISHEIT WIRD
EIN HAUS GEBAUT,
UND DURCH VERSTAND
WIRD ES BEFESTIGT.

Sprüche 24,3

Robin

Ein wenig Verständnis kann in jeder Beziehung viel bewirken.

Ist dir schon mal aufgefallen, wie schnell man einen anderen kritisiert oder eine Entscheidung verurteilt, die ein anderer gefällt hat? Doch wenn man ein kleines bisschen mehr an Informationen erhält – ein wenig mehr Einsicht in das »große Ganze« bekommt –, ist man plötzlich nicht mehr so kritisch. Dann hat man die Gabe des Verstehen-Könnens erhalten.

JEDOCH DER GEIST IST ES IN DEN MENSCHEN,
UND DER ODEM DES ALLMÄCHTIGEN,
DER SIE VERSTÄNDIG MACHT.

Hiob 32,8

Während meines ersten College-Jahres war ich ziemlich sicher, ich hätte den Richtigen gefunden. Er hieß Mike, und irgendwann im zweiten Jahr schrieb ich wieder einen Brief an meinen zukünftigen Ehemann, um ihn den fünf oder sechs beizufügen, die ich im Lauf der Jahre geschrieben hatte. Diesmal allerdings fügte ich mutig seinen Namen hinzu. »Mike, ich weiß, Du bist der Richtige. Ich liebe Dich! Ich weiß, dass Du mir sehr bald einen Heiratsantrag machen wirst, und ich kann den Tag gar nicht abwarten, an dem ich Dir diese Briefe aushändige, damit Du sehen kannst, dass ich all die Jahre schon für Dich gebetet habe.«

Mike machte seinen Abschluss an dem christlichen College, das wir beide besuchten, und einige Monate danach folgte tatsächlich sein Heiratsantrag. In der Woche, bevor ich das nächste College-Jahr anfing, gaben wir bei einer Feier mit allen unseren Freunden unsere Verlobung bekannt. Ich war die glücklichste Frau auf diesem Planeten.

An jenem Abend gingen Mike und ich zurück zum Haus meiner Eltern, und ich entschied, nicht mehr bis nach der Hochzeit zu warten, um ihm die Briefe zu geben. Ich ging in mein altes Zimmer, zog den Schuhkarton mit den liebevoll aufbewahrten Briefen hervor und präsentierte sie ihm.

Er las gelangweilt den ersten, dann den zweiten und den dritten. Seine Reaktion war für mich völlig unerwartet. Er war weder aufgeregt, noch zeigte er, dass er jedes meiner Worte genoss, obwohl ich damit gerechnet hatte.

»Was hältst du davon?«, fragte ich vorsichtig.

»Ich bin überrascht«, sagte er. »Solche Briefe zu schreiben, zeigt eine romantische Seele.«

Wir kannten uns mehr als ein Jahr lang. Und ich erkannte an seiner Ausdrucksweise, dass er mehr dachte, als er aussprach. So fragte ich ihn, was er dazu noch zu sagen hatte.

»Ich meine nur, dass du dazu neigst, solche Dinge überzubewerten«, sagte er. »Glaubst du nicht auch, dass solche Briefe an eine Person zu schreiben, die dir noch niemals begegnet ist, so ähnlich ist, wie Märchen zu erzählen? Ich verstehe einfach nicht, warum du etwas Derartiges tust.«

Heute erkenne ich, dass Mike nicht verstand, wer ich war, und nicht begriff, zu welcher Person Gott mich gemacht hatte. Ich habe die meiste Zeit meines Lebens damit verbracht, mir Geschichten auszudenken, die ein Happy End haben. Diese habe ich dann so aufgeschrieben, dass die geistliche Seite des Lebens durchscheinen und dem Leser Hoffnung geben konnte. Mike begriff nicht, womit mich Gott begabt oder zu welchem Dienst er mich berufen hatte. Und ich hatte wenig Verständnis für Mikes Vergangenheit und für die Kämpfe, die er durchgemacht hatte, oder für die Ziele, die er sich für die Zukunft gesetzt hatte.

Zu der Zeit wusste ich nur, dass ich Mike und er mich liebte. Das war alles, was wir damals verstehen mussten, oder?

Bitte darum,
dass dein zukünftiger Ehemann Verständnis hat

Mike hob alle Briefe auf, und ich versuchte, mich zu ändern. Ich meinte, ich müsste mehr jener Person ähnlich werden, die er in mir sehen wollte. Ich arbeitete hart daran, dem Maßstab zu entsprechen, den wir nach seiner Meinung für unser gemeinsames Leben anstreben sollten. Unsere Verlobungszeit machte uns viel Mühe.

Nach sechsmonatiger Verlobungszeit sagte Mike mir dann, er könne mich nicht heiraten. Mein Hochzeitskleid hing im Schrank, die Einladungen sollten demnächst gedruckt werden, und die Kirche war reserviert und die Miete bezahlt.

Seine deutlichen Worte an einem kalten Nachmittag im Februar schnitten mir ins Herz: »Ich liebe dich nicht, Robin. Ich habe es mir eingeredet; aber es stimmt nicht. Es wäre ein schrecklicher Fehler meinerseits, mich lebenslang an dich zu binden.«

»Mike, was sagst du da?«

»Ich kann dich nicht heiraten.« Und die Tränen liefen ihm über die Wangen. »Eines Tages wirst du mir danken, dass ich diese Entscheidung für uns beide gefällt habe.«

Ich war völlig verstört und konnte einfach nicht glauben, dass er zu diesem Entschluss gekommen war. Jedenfalls nicht nach all dem, was wir die letzten beiden Jahre miteinander durchgemacht hatten – hatten wir doch so hart daran gearbeitet zu versuchen, eine tragfähige Beziehung aufzubauen.

Alles, was ich über Happy Ends zu wissen meinte, war zerstört. Warum konnte Gott solchen Schmerz und solche Ablehnung in meinem Leben zulassen?

Hatte ich nicht versprochen, Gott zu folgen, ihm zu dienen und ihn von ganzem Herzen zu lieben? Hatte ich nicht die richtigen Entscheidungen für Reinheit und Integrität getroffen? Was hatte ich verbrochen, als ich Stunden damit verbrachte, für meinen zukünftigen Ehemann zu beten und bis spät in die Nächte meine Gebete für ihn aufzuschreiben, wenn das dabei herauskam?

Wie sollte ich meinem Urteil jemals wieder trauen können?

Ich verkaufte mein Auto, hob all mein Erspartes vom Konto ab, packte meine Koffer und floh für vier Monate nach Europa. Damit meinte ich, meinen Schmerz lindern zu können, der mich jeden Morgen nach dem Erwachen quälte. Aber all der Schmerz, der mit dem Verlust und dem Zerbruch unserer Beziehung verbunden war, kroch in meinen Rucksack und begleitete mich auf Schritt und Tritt. Ich weiß nicht, wie meine Reisebegleiter mich ertragen konnten.

In den kommenden Jahren sollte ich erleben, wie diese schmerzliche Erfahrung ein tieferes Verständnis für andere Menschen hervorrief. Mein Verleger fragte mich einmal, wie ich es fertigbrächte, das Innenleben meiner Romanfiguren einschließlich ihrer Gefühle so genau zu beschreiben. Darauf konnte ich nur sagen: »Ich habe früh in meinem Leben mit Liebe, Verlust und Sehnsucht Bekanntschaft gemacht. Ich weiß, wie sich das alles anfühlt.«

HERR, ZU DIR HABE ICH GERUFEN, EILE ZU MIR!
NIMM ZU OHREN MEINE STIMME, WENN ICH ZU DIR RUFE!
LASS ALS RÄUCHERWERK VOR DIR BESTEHEN MEIN GEBET,
DAS ERHEBEN MEINER HÄNDE ALS ABENDOPFER!

Psalm 141,1-2

Tricia

Ich war von den Worten des Arztes am Boden zerstört: »Tricia, Sie sind schwanger.«

Ich erinnere mich, dass ich später an diesem Tag im Bett lag und nicht glauben konnte, dass er die Wahrheit gesagt hatte. Das Erste, was ich empfand, war Angst: Meine Eltern wussten Bescheid, Robbie wusste natürlich Bescheid; aber sonst hatte ich niemanden wissen lassen, dass ich sexuell aktiv geworden war.

Robbie wollte, dass ich abtreiben ließ. Er wollte kein Vater sein, und er sagte sehr deutlich, dass es das Ende unserer Beziehung mit sich brächte, wenn ich mich für das Baby entscheiden würde.

Ich ging zur Schwangerenberatung, auch wenn ich ziemlich genau wusste, was ich tun wollte.

»Sie sind noch schrecklich jung«, sagte die Beraterin und sah von meiner Akte auf. »Ihr Freund ist auch noch sehr jung.«

»Ja, ja, ich weiß.«

»Fühlen Sie sich in der Lage, für ein Kind zu sorgen? Das ist eine gewaltige Verpflichtung.«

Ich schüttelte den Kopf. Nein, ich fühlte mich dazu überhaupt nicht in der Lage.

»Ich meine, eine Abtreibung wäre die richtige Wahl«, sagte sie.

Ich hörte zu, war mir aber nicht sicher. Ich wusste, dass ich ein Baby bekommen würde, wenn ich nichts Entsprechendes unternahm; aber ich fühlte auch, dass ich keine Abtreibung zulassen sollte.

Die Frau muss mein Zögern bemerkt haben. »Wissen Sie, in diesem Schwangerschaftsstadium handelt es sich nur um ein paar Zellen. Bei diesem Eingriff werden diese einfach nur weggekratzt, damit sie nicht weiterwachsen können. Das ist schnell gemacht, dann können Sie nach Hause gehen, und alles ist vorüber.«

Das hörte sich alles ganz gut an. Ich blickte die Frau an und versuchte, mich an der Hoffnung festzuhalten, die sie anbot.

Doch als der Eingriff losging, empfand ich keine Erleichterung, stattdessen schämte ich mich. Während der nächsten Wochen und Monate fühlte ich mich wie betäubt. Ich hatte Liebe gesucht und fand nichts als Schmerz – den Schmerz in Verbindung mit der Abtreibung eines Kindes, das ich nie kennenlernen würde. Dazu kam der Schmerz im Umgang mit Jungen. Jedes Mal, wenn ich mich einem anderen Jungen hingab, blieb weniger von mir übrig, woran ich mich halten konnte. Die Bindungen, die ich aufzubauen versuchte, rissen mir jedes Mal einen Teil meines Herzens fort.

Tiefe Traurigkeit lastete auf mir, als ich sechzehn wurde. Es gibt einen alten Popsong mit dem Titel »Süße Sechzehn und niemals geküsst«. Doch war bei mir nicht alles völlig anders? Nicht einmal »süß« fühlte ich mich. Dunkelheit hing über mir. Ich hatte alles gegeben, doch nun war mein Schmerz größer denn je. Damals ging ich noch immer mit Robbie aus; aber wir hatten Ärger miteinander. Er machte mich nicht mehr glücklich. Mich konnte gar nichts mehr glücklich machen.

Monate, nachdem ich mich für die Abtreibung entschieden hatte, war ich zum Essen bei meiner Großmutter eingeladen, und der Pastor und seine Frau waren ebenfalls da. Die Frau des Pastors hatte an ihrer Bluse einen Anstecker, der zwei Babyfußspuren zeigte.

»Das sieht ja süß aus«, sagte ich.

»Die sind so groß wie die Füßchen von zehn Wochen alten Föten«, erzählte mir Darlyne, »so klein, und doch so vollkommen!«

Mir war, als hätte mir jemand in die Magengrube geschlagen. Ich rang nach Luft, was mir nicht so recht gelang, sodass ich nichts Eiligeres zu tun hatte, als nach draußen zu kommen. Die Frau in der Klinik hatte nur von einem kleinen Zellklumpen gesprochen. Sie hatte mich belogen. Meine Sorgen darum, was die Leute sagen würden, und meine Angst, meinen Freund zu verlieren, hatten mich verführt, eine Entscheidung zu fällen, deren Auswirkungen mich immer verfolgen würden. Ich konnte das Bild dieser beiden Füßchen nicht vergessen. Mein Baby hatte einen Körper und ein schlagendes Herz gehabt!

Ich war wütend darüber, dass man mich angelogen hatte. In so vielfacher Weise war ich betrogen worden.

Manchmal dachte ich nachts an meinen zukünftigen Ehemann; aber die fantastischen Träume vergangener Jahre waren vorbei. An die Stelle all der glücklichen Gedanken war Kummer getreten. Würde ich jemals einen Partner finden, der mich wirklich liebt? Was würde er denken, wenn er erfahren sollte, dass ich abgetrieben hatte?

Ich hatte so viel von mir selbst verschenkt. War überhaupt noch etwas übrig geblieben, was ich geben konnte?

Ich wünschte, ich hätte gewartet. Ich wünschte, bei meiner Suche nach Liebe geduldiger gewesen zu sein. Ich wünschte, ich hätte wirklich alles gewusst, als ich mich für die Abtreibung entschied. Ich wünschte, gewusst zu haben, was ich tat, als ich mich in jeder Hinsicht an jemanden verschenkte.

›Habe ich jetzt für immer alle meine Chancen auf wahre Liebe zunichtegemacht? Keiner wird mich mehr wollen. Niemand versteht mich.‹

Wie steht es um dich?

Manchmal meinst du zu wissen, was du tust und was du dir aussuchst – doch später erkennst du die Wahrheit und spürst ihre Auswirkungen. Dann, wenn alles anders läuft, als du es erhofft hattest, fragst du dich, ob Gott überhaupt da ist oder ob er sich um dich kümmert.

In all deinen Beziehungen – den guten, den schlechten, den verrückten – stellt sich die Frage: Erkennst du, dass die Dinge oft komplizierter sind, als sie zunächst erscheinen? Gott weiß alles über dich. Er versteht alle Gedanken und Gefühle; schon bevor wir etwas denken oder empfinden, weiß er Bescheid. Wenn Gott die Dinge in die Hand nimmt, geht nichts verloren, nicht einmal, wenn wir nicht erkennen können, wie das in dem Augenblick möglich ist.

Fasse Mut. Gott kennt das »große Ganze«. Ruhe in ihm und gib ihm Zeit, dir seine Pläne zu offenbaren.

GOTTES FÜHRUNG FORDERT STILLE.
WO DER FUSS NOCH SELBER RAUSCHT,
WIRD DES EWGEN VATERS WILLE
MIT DER EIGNEN WAHL VERTAUSCHT.
ALLE MENSCHLICHEN GESCHÄFTE
GEHEN ÜBERHAUPT NICHT GUT,
WENN MAN SIE DURCH EIGNE KRÄFTE
UND NICHT AUS DER GNADE TUT.
GÖTTLICHE UND INNRE DINGE
LASSEN VOLLENDS GAR NICHT ZU,
DASS MAN SIE MIT STURM ERZWINGE,
SONDERN WEISEN UNS ZUR RUH.
Nikolaus Ludwig Graf von Zinzendorf

... DER GOTT UNSERES HERRN JESUS CHRISTUS, DER VATER DER HERRLICHKEIT, [GEBE] EUCH ... DEN GEIST DER WEISHEIT UND OFFENBARUNG IN DER ERKENNTNIS SEINER SELBST, DAMIT IHR, ERLEUCHTET AN DEN AUGEN EURES HERZENS, WISST, WELCHES DIE HOFFNUNG SEINER BERUFUNG ...,

WELCHES DER REICHTUM DER HERRLICHKEIT SEINES ERBES IN DEN HEILIGEN [IST].

Epheser 1,17-18

Beten – aber wie?

Wie kann ich darum bitten, dass mein zukünftiger Ehemann Verständnis lernt?

- Bitte darum, dass Gottes Geist sein Herz erleuchten möge.
- Bitte darum, dass dein zukünftiger Ehemann Gott sucht und erkennen möge, was Gott mit seinem Leben vorhat.
- Bitte für ihn um ein weiches Herz, das Verständnis für deine früheren Fehler hat.
- Bitte darum, dass du seine Fehler verstehst.
- Bitte darum, dass er – wenn sein Herz zerbrochen ist – von guten Freunden umgeben ist, die ihn während des Heilungsprozesses stützen.
- Bitte darum, dass er in jeder seiner Beziehungen ein verständnisvolles Herz entdeckt und immer glauben kann, dass Gott noch einen anderen, einen besseren Plan für ihn hat.

Sie betete … Gott antwortete

Als ich an der Highschool war, betete ich für meinen zukünftigen Ehemann und schrieb ihm Briefe. Um meine Gefühle beim Schreiben nicht überquellen zu lassen, war es zeitweise gut, damit aufzuhören, wenn ich meine Liebe zu unvorsichtig preisgeben wollte.

Ich wollte allzu gern mein Herz verschenken, wusste aber, dass ich es nicht tun sollte, weil es noch nicht an der Zeit war. Meine Eltern hatten mir einen »Reinheitsring« geschenkt. Und an meinem Hochzeitstag ging mein Vater mit mir nach vorn zum Altar. Bevor er meine Hand in die meines Mannes legte, fragte er mich vor allen Gästen, ob ich mein Versprechen gehalten und mich für meinen Ehemann bewahrt hätte. Dabei wusste er, dass ich mit »Ja« antworten konnte. Nachdem ich das öffentlich erklärt hatte, zog er mir den »Reinheitsring« vom Finger, damit er bereit war für den Trauring meines Ehemanns.

Nun, nachdem drei Kinder zur Welt gekommen sind und wir zehn Ehejahre verbracht haben, finde ich es lustig, dass mein Mann die Briefe immer noch nicht gelesen hat. Nicht, weil sie ihn nicht interessieren; aber es fand sich bisher keine Gelegenheit. Und das gefällt mir so. Jetzt erkenne ich nämlich, dass das Schreiben der Briefe wichtiger für mich selbst war, als dass mein Mann sie zu lesen bekam. Diese ausdrucksstarken Briefe halfen mir, das Ziel im Auge zu behalten und im Herzen rein zu bleiben, bis die Zeit gekommen war, in der ich mich in jeder Beziehung meinem liebenswerten und großartigen Mann vorbehaltlos hingeben konnte.

– **Natalie**

WENN DU BETEST,
DANN LASS DEIN HERZ LIEBER OHNE WORTE SEIN,
ALS DEINE WORTE OHNE HERZ.[6]

John Bunyan

6 URL: https://theologiade.blog/2016/04/18/zitate-der-puritaner/ (abgerufen am 4. 7. 2017)

Ein Gebet für ihn

Lieber Herr, ich weiß, dass es im Leben meines zukünftigen Ehemanns Zeiten geben wird, in denen er nicht begreift, was los ist. Es mag Beziehungen geben, die mit Verletzungen einhergehen. Und es mag Situationen geben, in denen er nicht weiß, was er tun soll, oder an wen er sich mit seinen Fragen wenden kann. Ich bitte Dich, dass er sich in solchen Situationen an Dich wendet, und Du wirst ihm Weisung und Frieden geben.

Wenn er Fragen hat und Entscheidungen fällen muss, dann – so bitte ich – möge er sich an Dich wenden, um Verständnis zu erhalten. Ich weiß, je mehr Verständnis er jetzt aus kleinen und großen Schwierigkeiten gewinnt, umso mehr wird er für eine Ehe vorbereitet sein.

Schließlich bitte ich für ihn um ein mitleidiges Herz. Ich bitte Dich, er möge Verständnis haben, wenn ich einen Fehler begangen habe.

Im Namen Deines Sohnes. Amen.

Ein Gebet für mich

Lieber Herr, so wie ich Fehler mache, weiß ich, dass es auch meinem zukünftigen Ehemann so ergeht. Ich bitte Dich, Du wollest jetzt schon mein Herz vorbereiten, richtig mit den Dingen umzugehen, bei denen er versagt hat.

In meinem Leben passieren viele Dinge, die ich nicht verstehe. Warum sehnt sich mein Herz nach einer Beziehung, die jahrelang unerfüllt geblieben ist? Warum müssen Menschen mich verletzen und enttäuschen? Warum verletze und enttäusche ich mich?

Ich bitte Dich um Verständnis, richtig mit meinem Leben umzugehen – jetzt und in Zukunft.

Das Einzige, was ich wirklich verstehe, ist, dass Du, Herr, mich liebst. Ich begreife, dass Du mich mehr liebst als irgendjemand sonst. Du hast gute Pläne für die Zukunft. Danke dafür.

Ich liebe Dich. Amen.

DESHALB HÖREN AUCH WIR NICHT AUF,
VON DEM TAG AN, DA WIR ES GEHÖRT HABEN,
FÜR EUCH ZU BETEN UND ZU BITTEN,
DAMIT IHR ERFÜLLT SEIN MÖGT MIT DER ERKENNTNIS SEINES
WILLENS IN ALLER WEISHEIT UND GEISTLICHER EINSICHT.

Kolosser 1,9

Meine Gedanken

über meinen zukünftigen Ehemann und mich, wenn es darum geht, Erkenntnis und Verständnis zu gewinnen

....

....

....

....

....

Diskussionsfragen

1. Erinnere dich an Zeiten, in denen du anfangs etwas nicht verstanden hast, was dir aber später klar wurde (Mathe-Aufgaben oder das Autofahren). Was empfandest du, als du das Ganze endlich begriffen hattest?

2. Als Robin eine Beziehung zu Mike hatte, wollte sie sich ändern, um seine Anerkennung zu gewinnen. Wie veränderte sich mit der Zeit ihr Verständnis von dieser Situation?

3. Wie zeigte Mikes Verhalten auf Robins Briefe, was er von ihr hielt? In welcher Hinsicht helfen uns die Reaktionen anderer Menschen, mehr von ihnen und von der Beziehung zu verstehen, die wir zu ihnen haben?

4. Was möchtest du gern in Bezug auf deinen zukünftigen Ehemann verstehen? Wie kannst du diese Sehnsucht nach dem Verstehen-Können in deinen Gebeten zum Ausdruck bringen?

5. Was möchtest du, dass dein zukünftiger Ehemann von dir versteht?

6. Lies Epheser 1,18! Auf welche Weise trägt die Hoffnung eines Christen dazu bei, Verständnis zu gewinnen?

7. Angenommen, wir befinden uns in einer verzweifelten Lage, wie etwa Tricia, als sie schwanger war. Meinst du, dass wir dann eher bereit sind zu glauben, was die Leute uns als Lösung anbieten? Warum oder warum nicht?

8. Welche Entscheidungen führten dazu, dass der Schmerz in Tricias Leben so groß wurde?

9. Wie hilft dir das Wissen, dass Gott das »große Ganze« kennt? Was kannst du tun, um dir eine Haltung anzueignen, in der du dich an Gott wendest, um Verständnis zu erhalten?

10. So wie dir Fehler unterlaufen, macht dein zukünftiger Ehemann auch welche. Um welche speziellen Eigenschaften kannst du bitten, die dir helfen, mit seinen Fehlern umzugehen?

6

Bitte um Vertrauen

ICH ABER,
ICH HABE AUF DICH VERTRAUT, HERR;
ICH SPRACH: DU BIST MEIN GOTT!

Psalm 31,15

ROBIN

Vielleicht hast du schon die »dreifache Beziehung« bemerkt, die in den Blick rückt, wenn du anfängst, für deinen zukünftigen Ehemann zu beten. Wenn du dafür betest, er möge Gott lieben, merkst du schnell, dass deine eigene Beziehung zum Herrn ebenfalls noch Raum zum Wachsen hat. Du bittest Gott, er möge in deinem zukünftigen Partner Geduld bewirken, und sogleich stellst du fest, dass Gott die Herausforderungen deines Lebens benutzt, auch in dir Geduld zu fördern. Du bittest für deinen zukünftigen Ehemann, er möge Verständnis haben, und dadurch wächst auch dein Mitgefühl.

Erkennst du die dreifache Beziehung, die durch das Gebet gebildet wird? Du, dein zukünftiger Ehemann und Gott. Jedes Gebet für den Mann, den du eines Tages heiraten wirst, zieht dich näher zu dem Herrn. Gott, du und dein zukünftiger Ehemann – ihr drei seid in dem unsichtbaren Reich des Gebets auf der Herzensebene miteinander verknüpft. Ist das nicht wunderbar? Ihr drei seid in eine ewige Beziehung eingeflochten, selbst wenn du deinen zukünftigen Ehemann noch nie gesehen hast.

EINE DREIFACHE SCHNUR
ZERREISST NICHT SO SCHNELL.

Prediger 4,12

Glauben ist die Grundlage des Vertrauens

Nachdem Mike unsere Verlobung gelöst hatte, lernte ich während meines mehrmonatigen Aufenthalts in Europa viel über das Vertrauen. Einen Monat lang besuchte ich einen speziellen Kurs an der Bibelschule der Fackelträger in Österreich. Dessen Höhepunkt war die Abschlusswoche, in der wir wie die Trapp-Familie[7] durch die Alpen wanderten. Dabei lernten wir das Bergsteigen. Ich machte das Training mit und sah, was die Hälfte der anderen siebzehn Schüler tat – wie sie erfolgreich den Karabi-

7 A. d. H.: Aus Österreich stammende und später in den USA lebende Familie, die unter der Bezeichnung ***Trapp Family Singers*** vielerorts Konzerte gab.

ner einhakten, das Seil festhielten und sich über schroffen Felskanten hinabließen, nachdem unser Bergführer Gernot alles für den Abstieg gesichert hatte.

Als ich an die Reihe kam, mich an dem kahlen Felsen hinabzulassen, wurde ich mit allem Nötigen ausgestattet und erhielt abschließende Instruktionen. Aber ich brachte es nicht fertig.

»Vertrau mir!«, sagte Gernot.

Alles, was ich machen musste, war der erste Schritt. Von allen Seiten bekam ich gute Ratschläge, was ich tun sollte; aber ich konnte es trotzdem immer noch nicht. Ich konnte meinen Körper einfach nicht davon überzeugen, dass ich imstande war, die Schwerkraft zu überwinden, mich zurückzulehnen und mich einzig dem Seil anzuvertrauen, um vor dem Sturz in die gähnende Tiefe bewahrt zu bleiben. Ich war vor Angst wie gelähmt.

Gernot nahm mich beiseite. Er löste das Seil und den Sicherheitsgurt. »Morgen«, sagte er ruhig und geduldig und verständnisvoll.

Jene Nacht verbrachten wir in einer nahe gelegenen Berghütte. Alle, die sich hatten abseilen lassen, waren bald dort angekommen. Ich musste einen langen Weg über eine gefährliche Route machen, um die Berghütte zu erreichen. Gernot hat mich Schritt für Schritt begleitet. Als wir ankamen, waren die Übrigen bereits ausgeruht und warteten auf das Abendbrot.

Meine Füße schmerzten von dem langen Marsch, als ich sie unter den stabilen Tisch schob. Die anderen sprachen begeistert über ihr Bergsteiger-Erlebnis. Sie erzählten, dass sie nie hätten glauben können, so etwas fertigzubringen, bevor sie die Seile erprobt und ihre eigene Kraft getestet hätten. Eine der Teilnehmerinnen beschrieb, wie sie sich bei diesem entscheidenden Schritt gefühlt hatte. Das sei ganz deutlich ein lebensveränderndes Erlebnis für sie gewesen.

Ich hatte mich um dieses Erlebnis gebracht. Ich hatte auch den kürzesten Weg zu unserer Berghütte verpasst. Ich hatte mich für das Nicht-Glauben entschieden. Ich hatte kein Vertrauen gehabt, und das hatte nicht nur mir geschadet, sondern auch Gernot verletzt, der trotzdem wie ein geduldiger Hirte neben mir hergelaufen war. Er konnte nicht vorankommen, bis ich voranschritt.

**UND ER TAT DORT NICHT VIELE WUNDERWERKE
WEGEN IHRES UNGLAUBENS.**

Matthäus 13,58

Seit dem schmerzlichen Zerbruch der Beziehung zu Mike fiel es mir gar nicht schwer, jedem zu misstrauen – sogar Gott. Dieser heimliche Mangel an Vertrauen und Glauben beeinflusste alle Bereiche meines Lebens. Ich zog mich immer mehr zurück und vernachlässigte meine bisherigen Kontakte. Überall fand ich Gründe, mich zu beklagen oder andere zu kritisieren, anstatt verständnisvoll und geduldig zu sein. Ohne es selbst zu merken, präsentierte ich mich als verwundetes Opfer, damit andere mich bemitleiden sollten.

An jenem Abend flogen die Schneeflocken gegen die dicken Fensterscheiben der Berghütte. Die dampfenden Suppenschüsseln standen vor uns auf dem Tisch, daneben lag das krustige Schwarzbrot. In diesem Augenblick wurde mir klar, dass die Angst weichen müsste. Jesus war gekommen, dass ich Leben haben sollte, und das sogar in Überfluss. Um diesen Überfluss erleben zu können, war mir aber genauso klar: Ich musste glauben, dass er alles unter Kontrolle hatte und vertrauenswürdig war.

Am nächsten Tag stellte ich mein erneuertes Vertrauen auf die Probe. Ich legte den Sicherheitsgurt an, ergriff das Seil und sagte Gernot, dass ich ihm glaubte, er werde mir beistehen. Dann lehnte ich mich zurück ins Nichts – in nichts als eiskalte alpine Luft – und merkte, wie etwas tief in mir wieder zum Leben erwachte. Es war mein Herz! Ich hatte mich für das Vertrauen entschieden und öffnete mich damit für all die Möglichkeiten, die Gott für mich vorgesehen hatte, sogar auch dafür, dass ich mich noch einmal verlieben könnte.

Angesichts all dessen wusste ich nicht, dass ich meinen zukünftigen Ehemann schon zwei Jahre zuvor gesehen hatte. Ich war einfach zu sehr auf Mike und darauf fokussiert, wie ich mich seiner Meinung nach als Person verändern sollte, als dass ich auf Ross achtgegeben hätte. Jetzt, nachdem ich wieder gelernt hatte zu vertrauen, öffneten sich meine Augen, und zugleich wurde mir das Herz weit.

Oh, welch eine weite, wunderbare Welt voller großer Möglichkeiten liegt offen vor uns, wenn wir endlich aufgehört haben, die Angst alle Entscheidungen für uns fällen zu lassen! Als erst einmal die Angst, dieser Würgestrick, aus dem Garten meines Herzens entfernt war, entdeckte ich weite, sonnige Orte, an denen Glauben und Vertrauen gedeihen konnten.

Tricia ging ebenfalls durch dunkle Zeiten, in denen sie nicht wagte, irgendjemandem zu vertrauen oder damit zu rechnen, dass die Zukunft ihr noch einmal Freude und Frieden bringen könnte. Während all dieser Zeiten, die für uns beide sehr schmerzlich waren, war uns der Herr sehr nahe. Wir konnten ihn nur nicht sehen. Wir verstanden nicht, auf welche Weise er für uns sorgte oder wie er nach uns rief. Aber er hat uns nie verlassen. Nie hat er uns wegen unseres Unglaubens uns selbst überlassen. Uns beiden sandte Gott Gläubige, die wie gute Hirten in diesen schwierigen Zeiten mit ihrer Liebe und Freundlichkeit für uns sorgten. Er demonstrierte seine Vertrauenswürdigkeit uns gegenüber.

Vertraue auf den HERRN
mit deinem ganzen Herzen,
und stütze dich nicht auf deinen Verstand.
Erkenne ihn auf allen deinen Wegen,
und er wird gerade machen deine Pfade.

Sprüche 3,5-6

Tricia

In mir starb etwas an dem Tag, als ich mich entschied, mein Baby abtreiben zu lassen. Danach fühlte ich mich wie ein Zombie, indem ich ohne Freude und Frieden umherlief. Ich wollte nicht weinen, immerhin war ich es ja, die sich für die Abtreibung entschieden hatte. Ich wollte das nicht bedauern oder mich deshalb nicht schämen; doch als ich diese Gefühle unterdrückte, blockierte ich auch *alle* anderen.

Robbie und ich hielten unsere Beziehung aufrecht, aber so, dass ich ihn hasste, weil er mich schwanger gemacht und mich zur Abtreibung gedrängt hatte. Er verließ mich und ging mit anderen Mädchen aus. Dann kamen wir wieder zusammen. Nun verließ ich ihn und suchte mir andere Jungen; aber schließlich ging ich zu ihm zurück.

Ich hatte mich ja für die Abtreibung entschieden, und so konnte ich Robbie behalten. Wenn ich unsere Verbindung aufgeben würde, so dachte ich damals, dann hätte ich das Leben meines Kindes ganz umsonst geopfert.

Robbie und ich hielten unsere körperliche Beziehung aufrecht. Jedes Mal, wenn wir zusammen waren, hoffte ich, dieselbe Aufregung zu verspüren, die ich mit Steven beim ersten Mal erlebte; aber mein Geist, mein Herz und mein Körper schienen wie taub zu sein.

Ein Jahr nach meiner Abtreibung stellte ich wieder fest, dass ich schwanger war. Ich war nicht allzu überrascht. Ich hatte nicht versucht, schwanger zu werden, hatte aber auch kaum etwas unternommen, es zu verhindern. Robbie sagte sofort, ich solle wieder abtreiben. Ich lehnte das ab. Mehr als alles andere wollte ich dieses Kind – da war jemand, den ich lieben wollte und der mich später einmal lieben konnte.

Als meine erneute Schwangerschaft bekannt wurde, gab ich den Cheerleader-Posten auf, und nach einigen Wochen endete auch mein regelmäßiger Schulbesuch. Das allmorgendliche Erbrechen machte mir das Leben schwer; aber noch schlimmer war es, wenn mich Mitschüler oder andere Leute anstarrten und miteinander flüsterten. Jeder wusste nun, was für eine Art Mädchen ich war, und ich ertrug das nicht.

Nachdem Robbie und ich einige Wochen später wieder auseinandergegangen waren, fing er eine neue Beziehung an. Ich wäre am liebsten in eine dunkle Höhle gekrochen, um nie wieder hervorzukommen. So ähnlich machte ich es auch.

Als meine Schwangerschaft fortschritt, nahm ich kaum noch am Leben teil. Zwei Tage in der Woche ging ich zur Highschool, um die nötige Punktzahl für mein Abitur doch noch zu schaffen; aber die meiste Zeit lag ich im Bett. Ich schlief viel, sah oft fern, um dann lange wach zu bleiben und weiter vor dem Fernseher zu sitzen. Meine Freundinnen machten weiter mit ihrem letzten Schuljahr, und ich hatte mich noch nie so verlassen gefühlt.

Während dieser Zeit luden mich die Frauen des Bibelkreises meiner Mutter und meiner Großmutter ein, bei ihnen mitzumachen. Davon mochte ich aber nichts wissen. Das Letzte, was ich wollte, war, in der Bibel zu lesen. Ich wusste ja, was sie zu meiner Sünde sagen würde, und das wollte ich nicht hören. Wie konnte Gott mich lieben – nach all dem, was ich getan hatte? Meine Mama ließ nicht locker, mich einzuladen, doch ich lehnte ebenso beharrlich ab. Einmal kam auch die Frau des Pastors, Darlyne, um mich zu besuchen und einzuladen.

»Wir hätten dich gern bei uns«, sagte Darlyne. Ich lag noch in meinem Schafanzug im Bett, und sie stand an der Tür.

»Nein danke!«, knurrte ich in einer Tonart, die deutlich machte, dass sie nie wiederkommen sollte.

»In Ordnung, aber wenigstens beten darf ich doch für dich?«

»Wenn's Ihnen Spaß macht.« Ich drehte mich um und kehrte ihr den Rücken zu. Ich hörte Darlynes leise Schritte auf dem Teppich, als sie an mein Bett trat. Sie berührte mich nicht; aber ich konnte ihre geflüsterten Gebete hören. Ich stellte mich schlafend, um so zu tun, als sei sie nicht da. Aber das klappte nicht. Ich wollte so tun, als sei ich verrückt; aber tief in mir war so etwas wie Freude darüber, dass sie sich um mich kümmerte. Nach einer Weile hörte ich sie fortgehen. Da kam keine Belehrung, keine Predigt. Ich wusste einfach nicht, was ich davon halten sollte.

Meine Mama gab nicht auf. Sie fuhr fort, mich jede Woche zu ihrem Bibelkreis einzuladen. »Los, versuch es doch einmal«, drängte sie mich eines Tages.

Ich zuckte mit den Schultern. »Okay, ich versuch's, aber hoffentlich schlafe ich dabei nicht ein.«

Und genau das tat ich. Ich schlief in dem bequemen Sessel ein, während die Frauen über die Bibel sprachen.

In der nächsten Woche blieb ich jedoch wach und hörte zu. Ich blieb sogar noch einige Zeit da und unterhielt mich mit den anderen Frauen.

»Tricia, wir möchten dir gern einiges für dein Baby schenken«, sagte Gayle zu mir. »Was könntest du gebrauchen?«

Ich zählte einiges auf, und die Frauen machten sich Notizen. Sie baten mich auch, eine Gästeliste[8] zusammenzustellen. Dann sprachen sie über meinen wachsenden Bauch und erzählten mir

8 A. d. H.: Diese bezieht sich auf die in den USA übliche Party für eine werdende Mutter, die bei dieser Gelegenheit Geschenke für das Baby erhält.

davon, wie es war, als bei ihnen die Wehen einsetzten. Ich hatte gefürchtet, sie würden mich verurteilen, stattdessen fühlte ich mich geliebt und umsorgt.

MACHT UND HOHEIT SIND IHR GEWAND,
UND SO LACHT SIE DES KÜNFTIGEN TAGES.

Sprüche 31,25

Als ich am nächsten Tag gegen elf Uhr erwacht war, dachte ich über diese Frauen nach. Sie hatten alles Recht, über mich herzuziehen, mich zu verdammen und mit dem Finger auf mich zu zeigen; aber sie taten es nicht. Ich dachte auch über die Gemeinde nach, zu der ich früher immer ging. Da gab es neben diesen Teilnehmerinnen des Bibelkreises eine weitere Frau, deren Liebe ich spürte – meine frühere Sonntagsschullehrerin. Auch der Pastor dieser Gemeinde hatte sich liebevoll um mich gekümmert. Ich musste lächeln, als ich an sein Augenzwinkern dachte.

›Wenn mich die Frauen aus dem Bibelkreis lieben können‹ – so dachte ich – ›was ist dann mit Gott? Liebt er mich auch immer noch nach allem, was ich getan habe? Darf ich ihm vertrauen?‹

Ein Sonntagsschullied kam mir in den Sinn: »Jesus liebt mich ganz gewiss; / denn die Bibel sagt mir dies.« Das Lied ging mir im Kopf herum. Obwohl ich mich so sehr nach Liebe sehnte, war ich dahin gekommen, mich völlig ungeliebt zu fühlen. Jetzt war ich bereit, alles anders zu machen. So, wie ich die Dinge bisher angegangen war, hatte ich nichts erreicht.

Ich rollte mich auf die andere Seite und legte die Arme um meinen dicken Bauch. »O Herr, ich habe vieles vermasselt. Wenn Du noch etwas aus meinem Leben machen kannst, dann tu es bitte.«

Das war ein einfaches Gebet; trotzdem durchflutete Hoffnung mein Herz und erfüllte meine Brust. Etwas von der Schwere, die ich lange mit mir herumgetragen hatte, war vergangen. Ich musste lächeln, und mir kamen die Tränen – nicht Tränen der Traurigkeit, sondern der Freude. Gott hatte mich ***wirklich*** lieb. Das konnte ich tief in mir empfinden. Und das war mein erster Vertrauensschritt.

Danach begann ich, die Bibel zu lesen und zu den Gottesdiensten zu gehen. Noch immer hatte ich wie eine Zwiebel viele Schichten – schmerzliche Schichten – in mir; aber jeden Tag, wenn ich Zeit mit Gott verbrachte, merkte ich, wie er eine Schicht nach der anderen entfernte.

Eines Tages, als ich in meinem Bett saß und mich an die Wand lehnte, dachte ich über meine Zukunft nach. ›Was soll aus mir werden? Und wie soll ich dahin kommen?‹ Ich holte ein altes Schulheft heraus und machte eine Liste:

1. die Highschool beenden;
2. mich an einem College hier in der Stadt anmelden;
3. für das Baby sorgen;
4. heiraten.

Ich starrte auf den letzten Punkt, und mein Herz schmerzte. Seit sich Robbie von mir getrennt hatte, war ich davon überzeugt, niemals einen geeigneten Partner zu finden, auf jeden Fall keinen, der mich *und* mein Kind lieben würde. Wer möchte sich mit einem Mädchen treffen, das ein Kind hat?

Irgendwie fühlte ich mich innerlich gedrängt zu beten; doch ich zögerte. Sollte das möglich sein? Gab es da irgendwo wirklich einen solchen jungen Mann? Hörte Gott meine Gebete?

Es gab nur einen Weg, das herauszufinden.

»Herr, wenn es überhaupt so einen gibt, bitte, zeig ihn mir!«, betete ich ziemlich zögerlich. »Ich will keinen, der so eingestellt ist wie die, mit denen ich früher ausging. Ich möchte einen, der Dich lieb hat, und der mich mitsamt meinem Baby mit Deiner Liebe liebt. Herr, hilf mir, Dir zu vertrauen!«

Dann betete ich auch für ihn – den geheimnisvollen Mann –, wer immer es sein mochte. Wo immer er sein mochte. Und je länger ich betete, umso mehr konnte ich Gott vertrauen, dass er meine Gebete erhörte.

Das Beten hob meinen Geist über meine Sorgen empor. Nach einer Weile betete ich nicht mehr nur darum, erhört zu werden. Es war Gott selbst, bei dem ich sein wollte. Ich war dankbar und zugleich voller Staunen, dass Gott mir Zutritt zu sich gewährte. Und ich vertraute ihm, dass er es schaffte, mir eine gute Zukunft zu schenken. Dieses Vertrauen war für mein Herz wie ein Willkommenslied:

UND IN MEINEN MUND HAT ER EIN NEUES LIED GELEGT,
EINEN LOBGESANG UNSEREM GOTT. VIELE WERDEN ES SEHEN
UND SICH FÜRCHTEN UND AUF DEN HERRN VERTRAUEN.

Psalm 40,4

Und wie steht es um dich?

Hast du jemals aufgehört, Gott dafür zu danken, dass er die ganze Zeit über bei dir gewesen ist – einerlei, was in deinem Leben geschah? Er hat uns einen Weg gebahnt, auf dem wir zu jeder Zeit zu ihm gehen können – einerlei, was unser Anliegen ist.

Im Alten Testament lesen wir, dass nur auserwählte Leute direkt zu Gott im Gebet kommen konnten. Die meisten benötigten einen Mittler zwischen Gott und Menschen. Wenn die Leute mit Gott reden wollten, wandten sie sich an einen Führer wie Mose. Oder sie kamen zum Hohenpriester, der auch nur einmal im Jahr in das Allerheiligste des Tempels gehen durfte. Dort musste er außerdem zunächst für seine eigenen Sünden um Vergebung bitten, dann erst für die des Volkes.

Im Neuen Testament sahen die Jünger, wie Jesus direkt mit Gott sprach. Das wollten sie ebenfalls lernen. Sie wollten Gott vertrauen, dass er sie erhörte, so wie Jesus ihm vertraute. Und so baten sie Jesus, er möge sie das Beten lehren.

Jesus, der Herr und Meister, zeigte den Jüngern, dass auch sie direkt zu Gott gehen und ihn als ihren Vater anreden durften. (Das war allerdings nur möglich, weil Jesus die Sünden aller seiner Jünger getragen und Gott sie deshalb vergeben hatte.) So sagte er: »Wenn ihr betet …«, und nicht: »Falls ihr betet …« Damit sagte er, dass dies eine regelmäßige und anhaltende Praxis sein sollte.

Dabei riet er seinen Jüngern, sie sollten nicht plappern und auch nicht öffentlich vor den Leuten beten. Das heißt, sie sollten nicht leere Worte hersagen, um von den Leuten bewundert zu werden. Stattdessen ermutigte Jesus sie, sich zurückzuziehen, allein zu sein und aufrichtig vor Gott zu werden.

**Du aber, wenn du betest,
so geh in deine Kammer,
und nachdem du deine Tür geschlossen hast,
bete zu deinem Vater, der im Verborgenen ist,
und dein Vater, der im Verborgenen sieht,
wird es dir vergelten.**

Matthäus 6,6

Im Gebet zu Gott zu gehen, bedeutet, ihm zuzutrauen, dass er etwas verändern wird. Vertrauen bedeutet nicht, sich über die richtigen Worte Gedanken zu machen, auch nicht, du müsstest alles viele Male wiederholen, damit Gott es hört. Stattdessen bedeutet es, ihm die dunkelsten Geheimnisse und auch die größten Enttäuschungen anzuvertrauen. Auch deine Sorgen darfst du ihm bringen. Die Sorgen können sowohl darin liegen, sich auf jemanden in äußeren Angelegenheiten zu verlassen, als auch darin, jemandem dein Herz anzuvertrauen. Vertrauen heißt auch: Du glaubst, dass deine Gebete sich auf das Leben deines zukünftigen Ehemanns auswirken, selbst wenn du ihn noch gar nicht kennst.

Das Erstaunliche am Beten ist, dass Gott dieses Mittel dazu bestimmt hat, himmlische Kräfte für die Person oder Situation freizusetzen, für die man betet. Betrachte deine Gebete wie

Garagentor-Öffner, die die himmlischen Tore hochheben, um deinen zukünftigen Ehemann zu ermutigen und ihn zu stärken.

Höchstwahrscheinlich bist du ihm noch nicht begegnet, und doch werden deine Gebete sein Leben verändern. Und wenn du betest, veränderst du dich ebenfalls. Du stärkst dein Vertrauen. Du überlässt deine Hoffnungen den göttlichen Händen, und es kann keinen besseren Ort dafür geben.

Es gibt einfach keine bessere Haltung als die eines Beters.

UND UM DIESES BETE ICH,
DASS EURE LIEBE NOCH MEHR
UND MEHR ÜBERSTRÖME
IN ERKENNTNIS UND ALLER EINSICHT,
DAMIT IHR PRÜFEN MÖGT,
WAS DAS VORZÜGLICHERE IST,
DAMIT IHR LAUTER UND OHNE ANSTOSS SEID
AUF DEN TAG CHRISTI,
ERFÜLLT MIT DER FRUCHT DER GERECHTIGKEIT,
DIE DURCH JESUS CHRISTUS IST,
ZUR HERRLICHKEIT UND ZUM PREISE GOTTES.

Philipper 1,9-11

Sie betete … Gott antwortete

Ich verbrachte zwei Jahre, indem ich mich mit dem falschen Partner verabredete, bevor ich mit meinem Mann zusammentraf. Das war in keiner Weise eine tragische Angelegenheit; aber der erste

Mann war einfach keine gute Partie für mich. Ich erinnere mich, gebetet zu haben: »Herr, ich kann damit schlecht umgehen – ich werde auch zufrieden sein, wenn ich ledig bleiben soll, falls Du es willst. Ich vertraue Dir. Wenn Du aber willst, dass ich heirate, dann wähle Du mir einen Mann aus und lass mich das klar und deutlich erkennen.«

Gott gab mir unendlich viel mehr, als ich erträumt hatte; jetzt – zehn Jahre später – bin ich immer noch voll Staunen!

– Andrea

BEFIEHL DEM HERRN DEINEN WEG
UND VERTRAUE AUF IHN,
UND ER WIRD HANDELN!

Psalm 37,5

JEDEN ABEND ÜBERGEBE ICH GOTT MEINE SORGEN.
ER IST SOWIESO DIE GANZE NACHT ÜBER WACH.

Mary C. Crowley

Hast du Kummer? Manchmal ist dir das vielleicht gar nicht bewusst. Leider kann auch unbewusster Kummer deine Handlungen beeinflussen. Vielleicht hast du dich um einen jungen Mann bemüht, weil du fürchtest, allein zu bleiben, oder andere machen sich über dich lustig, oder du hältst dich für wenig liebenswert. Kummer ist das Gegenteil von Vertrauen.

Nimm ein Stück Papier und schreibe all deinen Kummer auf. Sortiere nicht erst deine Gedanken, sondern schreibe sie alle so auf, wie sie dir kommen. Vielleicht sieht dann deine Liste so aus wie diese:

- Mir macht's Kummer, dass ich die Einzige in unserer Schule bin, die nie mit jemandem »ausgegangen« ist.
- Mir macht's Kummer, dass ich nicht oft genug ausgehe, um die Aufmerksamkeit eines Jungen auf mich zu ziehen.
- Mir macht's Kummer, dass ich am Ende an einen »Loser« gerate, wenn ich nicht für einen Besseren kämpfe.
- Mir macht's Kummer, dass wegen der Fehler, die ich gemacht habe, niemand für mich übrig bleibt.

Nun nimm die Liste und halte sie Gott hin. Lies sie noch einmal durch und denke darüber nach, was Jesus sagen würde, wenn er nahe bei dir wäre und du ihn hören könntest.

Ich glaube, dass er dir sagen wird:

»Vertrau mir, meine Hübsche. Zur rechten Zeit wirst du mit der richtigen Person ausgehen ... und bis dahin werde ich bei dir sein und dich lieb haben und erfreuen.

Vertrau mir, meine Liebe. Du brauchst dir keine Sorgen zu machen, wie du die Aufmerksamkeit eines bestimmten Mannes auf dich ziehst. Vertraue mir! Werde der Mensch, der du nach meinem Willen sein sollst.

Vertraue mir, du Wertvolle. Du brauchst nicht zu kämpfen. Ich habe einen guten Plan, einen wunderschönen Plan!

Vertraue mir, du strahlende Schönheit. Ich habe deine Sünden abgewaschen. All das Frühere ist abgetan. Ich habe einen für dich im Sinn – deinen zukünftigen Ehemann, dem du genauso gefallen wirst wie mir.«

Ein Gebet für ihn

Herr, ich möchte Dich jetzt für meinen zukünftigen Ehemann bitten. Ich kenne ihn nicht. Ich weiß nichts von ihm; aber ich vertraue Dir, dass es Dir ein Herzensanliegen ist, wie es um ihn steht. Ich danke Dir, dass Du ihn liebst und über ihn wachst, und dass ich eines Tages dasselbe mit Dir zusammen tun werde.

Herr, ich bitte, dass meine Gebete die Tore des Himmels öffnen und dass Du Deine Kraft auf ihn herabsendest. Ich bitte Dich, er möge lernen, Dir mehr zu vertrauen, als er es jemals getan hat. Ich bitte Dich, er möge sich im Gebet an Dich wenden und Dir vertrauen, dass Du das Entscheidende bewirkst. Ich bitte Dich, dass er glauben kann, dass ich hier bin und auf ihn warte. All das bitte ich im Namen Deines Sohnes. Amen.

Ein Gebet für mich

Lieber himmlischer Vater, ach, so lange Zeit habe ich sorgenvoll hin und her überlegt, den Richtigen zu finden. Ich bin traurig, dass ich niemals jemanden finden werde, der mich liebt. Ich fürchte mich, für immer übersehen zu werden. Ich mache mir Sorgen, dass ich allein bleibe. Manchmal haben mich diese Befürchtungen zu schlechten Entscheidungen verleitet. Und immer haben diese Sorgen meinen Sinn und mein Herz von Deinen Plänen für mich abgezogen und meine Aufmerksamkeit auf meine gegenwärtige Situation gelenkt. Vergib mir, Herr Jesus, meine Sorgen. Vergib mir alle verzweifelten Handlungen, zu denen sie mich getrieben haben. Dein Wort sagt ja, dass die vollkommene Liebe die Furcht austreibt. Diese Art von Liebe möchte ich kennenlernen. Hilf mir, Deine Liebe zu mir auf eine Art zu begreifen, die ich nie zuvor gekannt habe. Hilf mir, Dir zu vertrauen.

Ich weiß, Herr, dass sich viele dieser meiner Gebete um meinen zukünftigen Ehemann gedreht haben; aber ich danke Dir auch, dass ich dabei verändert worden bin. Ich weiß, dass – je näher ich Dir bin – ich umso besser auf die Beziehung zu meinem zukünftigen Ehemann vorbereitet werde. Ich weiß: Je mehr ich mich auf Dich stütze, umso fester ist das Band zwischen Dir und mir und am Ende auch zwischen meinem zukünftigen Ehemann und mir ... Ich danke Dir jetzt schon, dass Du der Dritte in unserem Bund sein wirst.

Bis mein zukünftiger Ehemann zu Deiner Zeit kommen wird, will ich, dass Dir mein ganzes Herz gehört, Herr Jesus. Ich weiß, dass nur Deine Liebe vollkommen ist. Darauf vertraue ich. Amen.

Gewöhne dir an, alles und jedes
mit Gott zu besprechen.
Bevor du nicht vom ersten wachen Augenblick
des Tages an die Tür weit aufreisst,
um Gott einzulassen, wirst du den ganzen Tag über
auf der falschen Ebene arbeiten.
Stattdessen reiss die Tür weit auf
und bete zu deinem Vater im Verborgenen;

DANN WIRD ALLES, WAS DU ÖFFENTLICH TUST, VON DER GEGENWART GOTTES GEPRÄGT SEIN.[9]

Oswald Chambers

Meine Gedanken

über meinen zukünftigen Ehemann und mich, wenn es um das Vertrauen geht

....

....

....

....

....

....

....

....

....

Diskussionsfragen

1. Auf welche Weise brachte dich das Gebet für deinen zukünftigen Ehemann näher zu Gott?

9 A. d. H.: Vgl. eine ähnliche Wiedergabe des Zitats auf folgender Website: http://input.efa-nuertingen.de/der-kampf-im-verborgenen/ (abgerufen am 20. 4. 2017).

2. Robin sprach davon, dass sie ihrem Bergführer nicht vertraute, als sie sich abseilen sollte. Hast du auch mit Misstrauen gegenüber anderen Leuten zu kämpfen? Inwieweit beeinträchtigt dieses Misstrauen deine Beziehung zu Gott?

3. Robin sagte: »Ich hatte mich für das Vertrauen entschieden und öffnete mich damit für all die Möglichkeiten, die Gott für mich vorgesehen hatte, sogar auch dafür, dass ich mich noch einmal verlieben könnte.« Inwieweit bereiten das Gottvertrauen und das Vertrauen anderen Menschen gegenüber dich für die Zukunft vor, die Gott für dich vorgesehen hat?

4. Lies Sprüche 3,5-6. Wo überall stützt du dich auf deinen eigenen Verstand, anstatt auf Gott zu vertrauen? Wie könntest du das ändern?

5. Tricias Leben wurde verändert, als eine Gruppe von Frauen aus der Gemeinde sich um sie kümmerte. Inwiefern hat die Liebe und Fürsorge anderer dich auf Gott hingewiesen?

6. Hast du Sorge, dass wegen deiner früheren Fehler kein junger Mann daran interessiert sein könnte, dich zu lieben? Auf welche Weise könnte das Beten für den zukünftigen Ehemann da etwas ändern, selbst wenn es kaum vorstellbar ist?

7. Wie könntest du dein Gebetsleben ändern, damit dein Gottvertrauen sichtbar wird?

8. Lies Philipper 1,9-11. Welche Worte sind aus deiner Sicht dort die wichtigsten? Auf welche Weise unterscheidet sich weltliche Liebe von dem, was in dieser Stelle steht?

9. Nenne einige der Dinge, die dir Sorgen machen, während du auf deinen zukünftigen Ehemann wartest. Wie könntest du diese Sorgen in Gebete verwandeln?

10. In welcher Weise verändert die Vorstellung, dass Gebete »Garagentor-Schlüssel« sind, durch die die Tore des Himmels geöffnet werden, um Kraft und Gottes Pläne auf die Erde herabzusenden, deine Vorstellung vom Beten?

7

Bitte um Zuverlässigkeit und Treue

HERR! An die Himmel reicht deine Güte,
bis zu den Wolken deine Treue.

Psalm 36,6

Robin

Seit sechzehn Jahren teile ich mit anderen eine sehr bereichernde Erfahrung: Jede Woche treffe ich mich mit zwei prächtigen Frauen, und wir drei beten gemeinsam. Als wir mit unseren Treffen begannen, beschlossen wir, kein gemütliches Beisammensein daraus zu machen. Ich hatte eine äußerst deutliche Vorstellung davon, wie unsere Gebetszeit aussehen müsste.

»Macht euch keine Mühe mit Kaffeekochen«, sagte ich zu Cindy und Carrie. »Ich meine, Plätzchen brauchen wir ebenfalls nicht, damit aus unserer Gebetszeit etwas wird. Und um ehrlich zu sein: Ich lege auch keinen großen Wert auf den Gallenblasen-Tee eurer Tante Susie. Ich will nur für euch, euren Mann und eure Kinder beten.«

Erstaunlicherweise ließen sich die beiden auf diese Vorschläge für unsere Gebetszeit ein. Wir drei sahen darin einen geheiligten Raum, den wir unserer Geschäftigkeit während der Woche abgerungen hatten. Diese Zeiten wurden zu einer stehenden Einrichtung, um unsere Herzen zu vereinen und um auf geistlichem Gebiet für unsere Ehemänner und unsere Kinder zu kämpfen.

Im Lauf der Jahre haben wir erstaunliche Dinge erlebt, die Gott gewirkt hat. Obwohl jede von uns Freunde hat, mit denen sie sich zum Essen trifft und einkaufen geht, zeichnet sich unser Trio durch eine einzigartige und starke Beziehung untereinander aus. Wir fühlen uns durch die beständige, seit Jahren bestehende, streng auf das Gebet konzentrierte Zeit, in der wir gemeinsam vor unserem Herrn stehen, eng miteinander verbunden. Diese Treue und Zuverlässigkeit hat unsere Beziehung mehr vertieft, als wir uns anfangs vorstellen konnten.

Eine schlichte Bitte für unsere Kinder kam schon sehr früh auf: »Herr, wenn sie sündigen, lass sie sofort ertappt werden!«

Das ist eine eigenartige Bitte. Aber niemand von uns meinte, unsere Kinder seien fehlerlos. Wir wussten, dass sie mangelhafte Entscheidungen treffen würden. Jeder macht das. Aber wenn man sie sogleich ertappen würde – das wussten wir –, würden sie die Folgen ihrer Fehltritte sofort tragen müssen und diese nicht verbergen können. Denn wir wollten nicht, dass sie meinten, Verhaltensmuster übernehmen zu können, durch die man mit seinen Sünden ungestraft davonkommt.

Während wir dies für unsere Kinder erbaten und sie tatsächlich »geschnappt« wurden, erkannten wir, dass sie sorgfältiger die Dinge Gottes beachteten. Jedes ungehorsame Kind, das bestraft wird, überlegt sich zweimal, ob es denselben Ungehorsam wiederholt, wenn es die Konsequenzen bedenkt.

So entstand bei unseren Kindern ein Gefühl der Sicherheit und des Vertrauens in ihrem Verhältnis zu dem Herrn. Und sie haben oft den schönen Lohn für Treue und Zuverlässigkeit erlebt.

Was hältst du davon, dasselbe für deinen zukünftigen Ehemann zu erbitten? Das ist ein machtvolles, doch gewöhnlich übersehenes Gebet, das sich auf deinen zukünftigen Ehemann radikal lebensverändernd auswirken kann. Wenn er jedes Mal erwischt wird, sobald er sich einer Versuchung hingibt, wird er aus der Falle befreit, die der Feind für ihn aufgestellt hat. Diese Falle besteht aus der Lüge, die behauptet: »Nur keine Hemmungen! Niemand wird jemals hinter deinen Fehltritt kommen, und du brauchst nichts zu fürchten.«

Indem ein junger Mann erwischt wird und die Möglichkeit bekommt, Buße zu tun und dann wiederhergestellt zu werden, hat er die Chance, disziplinierter und erwachsener zu werden. In einem solchen Erwachsensein entstehen Treue zum Herrn und ein Leben in Zuverlässigkeit.

Bete dafür, dein zukünftiger Ehemann möge ein tiefes Bewusstsein für Treue und Zuverlässigkeit entwickeln.

Nun hat Tricia noch einiges über die unwiderstehliche Anziehungskraft zu berichten, die in einem Mann entsteht, der in dein Leben als ein treuer Freund eintritt.

GNADE UND TREUE SOLLEN DICH NICHT VERLASSEN.
BINDE SIE UM DEINEN HALS,
SCHREIBE SIE AUF DEINES HERZENS TAFEL!

Sprüche 3,3 (RELB)

TRICIA

Nachdem ich Christus mein Herz übergeben hatte, besuchte ich regelmäßig die Gottesdienste. Ich las auch in der Bibel und betete immer mehr. Mir wurde klar, dass Jesus ein treuer Freund ist, der mich nie mehr verlassen und mir niemals den Rücken zukehren würde. Ich liebte ihn von ganzem Herzen.

Noch am selben Tag, an dem Cory geboren wurde, konnte ich nach Hause zurückkehren, und am Abend kam John Goyer zu Besuch. Nicht John Goyer, der Pastor, sondern John Goyer jun., sein Sohn, der hübsche 22-Jährige, der zum Musikteam unserer Gemeinde gehörte.

John kam mit einem weichen, gelben Teddybär und einer Spruchkarte herein. Er lächelte über das ganze Gesicht. »Ich gratuliere!«, sagte er, während er mir die Karte und den Teddy überreichte.

»Danke schön! Wie nett!«

Ich öffnete die Karte und las sie. ***»Wenn Du irgendetwas brauchst, sag Bescheid.«*** Darunter stand: ***»Dein Freund John«.***

›Wenn ich etwas brauchte? Wie wär's mit einem Ehemann? Wie wär's mit einem Vater für meinen Sohn?‹ Ich sagte kein Wort, aber ich dachte daran. Wir unterhielten uns, und ich war dankbar für die neue Freundschaft. Und ich war dankbar, dass es außerhalb meiner kleinen Welt einen gab, der an mich dachte und sich um das kümmerte, was ich so trieb.

Je mehr ich John kennenlernte, umso mehr schätzte ich ihn: Er war zuverlässig. Er ging jede Woche zu den Gottesdiensten. Er half seinen Eltern. Auch beteiligte er sich an der Sonntagsschule. Man konnte sich auf ihn verlassen; denn er tat immer, was er versprochen hatte. Das gefiel mir.

Bald wandelte sich seine Freundschaft in etwas Besseres. Einige Wochen später sagte meine Mama: »So, nun habe ich mit Johns Mutter, Darlyne, gesprochen, und sie hat sich schon gefragt, ob du wohl mit ihm ausgehen würdest, sobald er dich darum bittet.«

Ich sagte meiner Mama, dass ich dazu gern bereit wäre. Er schien mir ein großartiger Junge zu sein. Meine Mutter muss die Neuigkeit Darlyne weitergesagt haben, und sie muss sie John erzählt haben; denn nur ein paar Tage später rief er an.

»Hi, Tricia! Ich möchte dich fragen, ob du irgendwann mit mir zum Essen und hinterher zu einem Film ausgehen möchtest.«

»Klar! Aber leider müsste ich Cory mitbringen, weil ich ihn stillen muss.«

»Natürlich! Davon ging ich aus.«

Als der Abend da war, gefielen mir das Essen und der Film außerordentlich. Es war zwar etwas unangenehm, dass Cory dabei war. Alle mussten denken, es sei *unser* Sohn. Auch wurde unsere Verabredung dadurch unterbrochen, dass ich mich aufs Damen-WC zum Stillen zurückzog. Mit siebzehn Jahren stellt man sich ein erstes Date anders vor.

Ich fand John großartig; aber auch er respektierte mich. Das hatte ich bei den anderen Jungen nie erlebt. Er öffnete mir die Türen; er hörte zu, wenn ich etwas erzählte. Er bezahlte im Restaurant.

Obwohl dies nur unser erstes Treffen war, ließen mich dies und sein Verhalten im übrigen Leben erahnen, wie er mich behandeln würde.

In den folgenden Wochen ging ich weiter mit ihm aus, und ich begriff, dass Gott meine Träume veränderte. Ich hatte gemeint, ich wüsste, was für einen Jungen ich gern gehabt hätte; aber die waren allesamt nicht das Richtige für mich.

Mit John schenkte mir Gott eine Vorstellung davon, was es bedeuten könnte, Cory in einem christlichen Haus großzuziehen. Der Gedanke gefiel mir, und ich hatte begonnen, dafür zu beten – für einen Ehemann, der ein gutes Vorbild für meinen Sohn und ein geistlicher Führer in unserem Heim sein würde. Vielleicht würde John die Erhörung meiner Gebete sein.

Was ich erst viele Monate später erfuhr, war dies: Schon Jahre zuvor hatte Johns Interesse an mir begonnen. Bei einer der wenigen Gelegenheiten, bei denen ich mit meiner Mutter vor meiner Schwangerschaft den Gottesdienst besucht hatte, sah John mich, und wie er mir später verriet, hielt er mich schon damals für das hübscheste Mädchen, das er jemals gesehen hatte.

Nach jenem Gottesdienst befragte John seine Mutter meinetwegen; aber ihre Antwort klang nicht positiv: »Halte dich von ihr fern. Sie taugt nichts.« Damals stimmte das tatsächlich.

Aber einige Jahre später hat John noch einmal hergeschaut, und ich bin sehr froh, dass er dies tat. Und was bekam er zu sehen? Zuverlässigkeit.

Er sah mich im Gottesdienst und stellte eine Veränderung fest. Obwohl meine Schwangerschaft nicht zu übersehen war, erschien ihm meine Liebe zu Jesus noch offensichtlicher. Gott hatte mich verändert. Ich war nicht mehr das Mädchen, das alles auf seine Art erledigen wollte; stattdessen vertraute ich mit ganzem Herzen auf Gott. Ich lernte den Herrn Jesus persönlich kennen und lieben. Ich wollte Gott mit ganzem Herzen dienen. Das erkannte John, und darum fasste er sich ein Herz. Und schon bald bat er mich, seine Frau zu werden.

Als ich »Ja« zu ihm sagte, wusste ich, dass dieser Mann eine Gottesgabe für mich war. Und das, obwohl ich viele falsche Entscheidungen getroffen hatte.

Aber der Herr setzte mich nicht auf die »Liste der Menschen zweiter Klasse«. Seine Pläne für mich waren wunderbar schön. Er hielt mir die Treue. Er hat sich ganz für mich eingesetzt, und ich wusste, dass er mich nicht fallen lassen würde, wenn ich fest bei ihm blieb.

Ich mochte wohl gezweifelt haben, dass Gott jemanden dazu bringen konnte, mich zu lieben – mich mit all meinem Versagen –, aber dann entdeckte ich, dass Gott uns zu unerwarteten Zeiten und auf unerwartete Weisen gute Gaben gibt.

Zerreisst euer Herz und nicht eure Kleider, und kehrt um zu dem HERRN, eurem Gott; denn er ist gnädig und barmherzig, langsam zum Zorn und gross an Güte und lässt sich des Übels gereuen ... Jeder, der den Namen des HERRN anrufen wird, wird errettet werden.

Joel 2,13; 3,5

Und wie steht es um dich?

Wie treu stehst du zu deinen Freundinnen und Freunden? Können andere dir vertrauen? Hältst du treu zu deinem zukünftigen Ehemann, auch wenn du ihn noch gar nicht kennst? Ich meine das nicht nur im sexuellen Bereich, sondern frage auch: Bewahrst du dein Herz und deine Gefühle vor allen Jungen, die dich nicht respektieren und es eigentlich auch nicht ehrlich mit dir meinen? Treu zu sein, betrifft nicht nur unseren Körper, sondern alles, was wir sind und tun und haben. Dazu gehört auch unser Gebetsleben.

Angenommen, du bist auf die Lüge hereingefallen, dass du irgendwie doch davonkommen wirst, wenn du Dinge tust, die Gott nicht für dich vorgesehen hat. Dann ist jetzt Zeit, dafür Buße zu tun. Bekenne, was du getan hast. Fang von vorn an. Lass deine Treueschule heute beginnen. Wenn du in der Treue gegenüber dem Herrn wächst und wenn du dich übst, dein Herz immer rein und unbefleckt von verborgenen Sünden zu erhalten, wirst du für andere unwiderstehlich werden. Dann wirst du eine Freundin sein, der alle vertrauen. Solche Charaktereigenschaften sind wie Gold, wenn es darum geht, eine lebenslange Verbindlichkeit aufzubauen.

Falls du an einige Leitlinien erinnert werden musst, wenn du Vertrauenswürdigkeit und Treue in deinem Leben entwickeln möchtest – hier sind einige:

- Gehe nicht zu weit, weder körperlich noch gefühlsmäßig.
- Warte unbedingt ab.
- Halte immer Abstand.
- Sei nicht zu vertrauensselig.
- Setze deutliche Grenzen.
- Vertraue unbedingt auf Gott.
- Versuche nicht, dein Fehlverhalten zu vertuschen.
- Bekenne immer gleich und sei bestrebt, Gottes Vergebung zu erhalten.
- Gehe nie an einen Ort zurück, wo du gestrauchelt bist.
- Eigne dir neue Verhaltensweisen an.
- Lass dich niemals auf Jungen ein, die deine Ehre nicht achten.
- Suche solche aus, die in allen ihren Beziehungen zuverlässig sind.

Wie sahen deine früheren Entscheidungen aus? Musst du dich vielleicht, was die Jungen angeht, vor impulsiven Entscheidungen hüten, die nur deinem Ego schmeichelten? Wahrscheinlich musst du den Schlüssel zu dem Garten deines Herzens dem Herrn ausliefern, damit ***er*** die Entscheidungen im Blick darauf trifft, wer Zutritt zu diesem Garten haben darf.

Das folgende Gedicht schrieb Robin in ihr Tagebuch, als sie in einer Phase war, in der sie Christus mehr Herrschaft in ihrem Leben übergab. Als ihre Treue zum Herrn wuchs, wollte sie sicherstellen, dass sie immer deutlicher dem entsprach, was der Herr für sie vorgesehen hatte. Eine Originalversion dieses Gedichts steht im Band ***A Promise Is Forever*** der Christy-Miller-Reihe:

In meinem Herzen blüht ein Garten schön,
bei wilden Veilchen edle Rosen stehn.
Narzissen säumen still den schmalen Pfad,
den dort mein Fuß getreten hat.
Und in der Laube Weingerank
knie ich mich hin und sag Gott Dank
für all die Pracht – und für den Zaun,
der sie bewacht. Drum darf ich traun,
dass lauter bleibt mein Herz und rein
und gar nichts Böses dringt hinein.
Den Schlüssel zu dem Gartentor
bewahrt' ich selbst, doch kommt's mir vor,
dass ich meist überhaupt nicht weiß,
wen ich da so willkommen heiß.
Da wär's doch besser, Herr, mein Gott,
Du hülfest mir aus dieser Not.
Drum bitt ich Dich, weil ich's nicht kann:
Nimm Du Dich selbst des Schlüssels an.
Bis dahin wart ich glaubensvoll;
Du kennst ihn, der da kommen soll!

Robin

Dieses Gedicht aus der Christy-Miller-Reihe kam auf wunderbare und völlig unerwartete Weise im Leben eines jungen Mädchens zum Tragen. Während der 25 Jahre, in denen ich zehn Romane geschrieben habe, erhielt ich von den Lesern manche Post. Hunderte, vielleicht auch Tausende junger Frauen berichteten mir, dass sie für ihre zukünftigen Ehemänner beteten. Aber im März des letzten Jahres bekam ich einen Brief, der mich besonders berührte.

Dieses vierseitige Schreiben kam von einem mitfühlenden Vater. Beigefügt war das Programm der Beerdigungsfeier für seine fünfzehnjährige Tochter.

Ich ließ alles liegen, um zu lesen, was dieser Vater mir schrieb: »Elizabeth liebte alle Ihre Bücher. Was sie tat, wie sie sich gab, was sie sagte – in allem wies sie unübersehbar auf unseren Herrn hin.«

Er fuhr dann damit fort, wie unerwartet ihr Tod war. »Die Ärzte waren nicht imstande, die Todesursache festzustellen; aber wir wissen, dass sie jetzt bei dem ist, den sie mehr liebte als alle anderen in dieser Welt – bei unserem Herrn Jesus Christus.«

Ich holte mir ein Taschentuch und las weiter: »Elizabeth führte ein Tagebuch. Darin schrieb sie Briefe an ihren zukünftigen Ehemann. Ich habe nie etwas Ähnliches gelesen, und werde es höchstwahrscheinlich auch nie wieder tun. Ihr letzter Eintrag war ein Zitat aus einem Ihrer Bücher: ***Christy Miller*** – jener Band, in dem sich das Gedicht von dem Garten des Herzens findet. Sie hatte es Wort für Wort abgeschrieben. Vielleicht gerade, bevor sie in die Herrlichkeit einzog.«

Ich antwortete Elizabeths Eltern, und fünf Monate später hatte ich die Möglichkeit, mich mit ihrer Mutter und ihrer jüngeren Schwester, Jodie, zu einem gemeinsamen Essen zu treffen. Ihre Mutter bot mir an, Elizabeths »Briefe an ihren zukünftigen Ehemann« zusammen mit ihren Tagebuchaufzeichnungen zu schicken.

Einige Wochen später saß ich allein am Kamin und las die Seiten mit Elizabeths Handschrift. Dabei war ich überwältigt von Erklärungen wie diesen:

- Im Augenblick fühle ich mich so rein, und dies möchte ich mir bewahren, bis wir uns begegnen.
- Reinheit bedeutet, in Bezug auf Herz, Gedanken und Körper völlig rein zu sein. Ich möchte, dass mein Herz unversehrt bleibt, damit ich es Dir so übergeben kann. Denn Dir möchte ich es schenken.
- Am Hochzeitstag möchte ich so gern am Arm meines Vaters im weißen Hochzeitskleid zum Traualtar und zu meinem Geliebten schreiten. Dann erhebe ich meine Augen hinter dem Schleier, um meine wahre Liebe zu erblicken.

In allem, was Bedeutung hat, gingen Elizabeths Wünsche und Bitten für ihren zukünftigen Ehemann in Erfüllung – im Himmel.

Elizabeth hatte treu für ihren zukünftigen Ehemann gebetet, ohne auch nur zu ahnen, auf welche Weise ihre Bitten beantwortet werden würden. Nun stand sie, gekleidet in reine, weiße Leinwand, Auge in Auge dem gegenüber, der sie wahrhaft liebte – mit einem Herzen voller Hingabe an den Fürsten des Friedens. Der Grad der Wirklichkeit, in der sich ihre Gebete erfüllten, ist schlichtweg ernüchternd. Wieder einmal erkannte ich das Geheimnis des Gebets in dem »großen Ganzen« der unergründlichen Macht Gottes. Was durch die gesamte Geschichte hindurch unerschütterlich bestehen bleibt und in Ewigkeit fortbesteht, ist Gottes tiefe, nie versagende und ewig-treue Liebe zu uns. Einem unbeschreiblichen Gott mit vollkommener Hingabe zu vertrauen, ist ein Akt wahren Glaubens. Und den Treuen erweist er sich als treu.

ICH BIN MEINES GELIEBTEN;
UND MEIN GELIEBTER IST MEIN.

Hoheslied 6,3

Beten – aber wie?

Wie soll ich beten, damit mein zukünftiger Ehemann zuverlässig und treu ist?

- Bitte, dass er erwischt wird, wenn er Böses tut.
- Bitte, dass er aus der Falle des Teufels erlöst wird und nicht mehr auf die Lüge hereinfällt, er könne Sünden verbergen.
- Bitte, dass Gott ihm gute Vorbilder von Ehepaaren gibt, die während ihrer gesamten Ehe einander die Treue gehalten haben.
- Bitte, dass ihm Gelegenheiten gegeben werden,

Entscheidungen zu treffen, die seine Treue und Zuverlässigkeit gegenüber Freunden und Angehörigen unter Beweis stellen.

Sie betete ... Gott antwortete

Ich betete für meinen zukünftigen Ehemann, seitdem ich zur Mittelschule ging. Ich wollte unbedingt, dass er mir die Treue hielt. Ich betete darum, ihm ganz treu zu sein und mich nicht dazu verleiten zu lassen, mich mit einem anderen zu treffen. Mein Anliegen war nämlich, dass mich Gott dahin führte, nur ganz allein mit demjenigen ein Verhältnis einzugehen, den Gott für mich bestimmt hatte. Mein erster Freund war mein einziger Freund, und wir selbst bewahrten uns für die Ehe auf. Wir sind jetzt mehr als dreizehn Jahre verheiratet, und wir lieben uns täglich mehr dank Gottes übergroßer Gnade.

– Liz

So erkenne denn, dass der HERR,
dein Gott, Gott ist, der treue Gott,
der den Bund und die Güte
auf tausend Geschlechter hin denen bewahrt,
die ihn lieben und seine Gebote halten.

5. Mose 7,9

Ein Gebet für ihn

Gnädiger und gütiger Gott, heute bitte ich Dich, mein zukünftiger Ehemann möge Dir die Treue halten. Lass sein Herz Dir gegenüber bitte empfindsam werden, Herr. Ich bitte Dich darum, dass er gefasst wird, wenn er falsche Entscheidungen trifft. Ich bitte Dich, dass er sofort alles vor Dir bekennt und dass er dann Deine Vergebungsbereitschaft und Gnade erfährt. Lehre ihn, gegenüber seinen Freunden aufrichtig zu sein. Zeige ihm, wie schön es ist, wenn man sich auf ihn verlassen kann.

Ich bitte Dich, dass mein zukünftiger Ehemann Dir von ganzem Herzen vertraut und dass er sich nicht durch das verleiten lässt, was ihm angenehm erscheint oder was er für das Beste hält. Ich bitte Dich, er möge Zeit mit Dir verbringen und für Dich leben, nicht indem er einer langen Liste mit Regeln folgt, sondern weil er eine persönliche und innige Beziehung zu Dir hat. Höre auf seine Gebete und überrasche ihn durch Deine Güte. Ich danke Dir, dass Du meine Gebete erhörst, in Jesu Namen. Amen.

Ein Gebet für mich

Lieber Herr, Du mein Gott! Ich bekenne, manchmal gar nicht aus der Tiefe meines Herzens heraus zu beten, weil ich fürchte, enttäuscht zu werden. Aber jetzt will ich Dir danken, dass es Dir um die tiefsten Wünsche meines Herzens geht. Es verwundert mich, dass Du mich mehr als jeder andere liebst und dass es Dir gefällt, mir zu zeigen, wie sehr Du um mich Sorge trägst.

Hilf mir, Dich mit tiefem Ernst und mit meinem ganzen Herzen zu suchen. Ich bitte Dich, mir täglich zu helfen, Dich besser kennenzulernen. Ich bitte Dich, dass ich in dem Maße, wie ich Dir näher komme, auch Deine Wege besser erspüre. Hilf mir, allen Menschen sanftmütig zu begegnen, die Du in mein Leben führst.

Vor allem aber bitte ich Dich: Lass mich Dir die Treue halten und nicht meinen eigenen Wünschen folgen. Hilf mir, Herr, empfindsam für Deine Pläne ... und für Dein Timing zu sein. Immer, wenn es mich drängt, meine eigenen Wege zu gehen, hilf mir, daran zu denken, dass Dein bester Plan zu der von Dir bestimmten Zeit eintrifft. In Jesu Namen. Amen.

DER FELS: VOLLKOMMEN IST SEIN TUN;
DENN ALLE SEINE WEGE SIND RECHT.
EIN GOTT DER TREUE UND OHNE TRUG,
GERECHT UND GERADE IST ER!

5. Mose 32,4

Meine Gedanken

über meinen zukünftigen Ehemann und mich, was Treue und Zuverlässigkeit angeht

....

....

....

....

....

Diskussionsfragen

1. Robin sprach davon, dass sie und die beiden anderen Frauen für ihre Kinder gebetet haben: »*Herr, wenn sie etwas Böses getan haben, hilf, dass sie sofort erwischt werden.*« Was hältst du von diesem Gebet?

2. Hast du überlegt, darum zu bitten, dass dein zukünftiger Ehemann gefasst werden sollte, wenn er etwas Böses tut? Würde ein solches Gebet ihm helfen oder ihn verletzen?

3. Was würdest du denken, wenn dein zukünftiger Ehemann so für dich beten wollte?

4. Tricia sprach über die Begegnung mit John und bemerkte, wie zuverlässig er war – bei seiner Arbeit, in der Gemeinde, in der Familie oder gegenüber Freunden. Warum kann man davon ausgehen, dass die augenblickliche Zuverlässigkeit eines jungen Mannes auf seine Zuverlässigkeit als zukünftiger Ehemann schließen lässt?

5. Hast du Treue und Zuverlässigkeit bei der Suche nach einem zukünftigen Ehemann für bedeutsam gehalten? Wie hat dieses Kapitel dein Denken zurechtgerückt?

6. Wie Robin und Tricia magst du feststellen, dass sich Gottes Gedanken für deine Zukunft von deinen Vorstellungen unterscheiden. Was hältst du von dem Gebet: »*Herr, ich möchte, dass Du entscheidest!*«?

7. Auf welchen Lebensgebieten müsstest du zuverlässiger werden?

8. Warum macht uns die Treue zum Herrn unwiderstehlich für andere?

9. Welche Zeilen in Robins Gedicht gefallen dir am besten? Warum?

10. Fallen dir Beispiele für Eheleute ein, die du kennst und die in ihrer Ehe treu und zuverlässig gewesen sind? Was schätzt du am meisten an ihnen?

11. Wo hat sich Gott dir gegenüber als zuverlässig erwiesen? Inwieweit ermutigt dich diese Zuverlässigkeit bei deinem Warten auf deinen zukünftigen Ehemann?

8

Bitte um Kraft

Ich liebe dich, HERR,
meine Stärke!

Psalm 18,2

Robin

Wenn du in Bezug auf deinen zukünftigen Ehemann an ***Kraft*** denkst, dann fallen dir vor allem die Muskeln ein, nicht wahr? Muskeln sind etwas sehr Gutes für einen Ehemann. Das merkt man, wenn die Möbel umgestellt werden sollen oder wenn ein Marmeladenglas geöffnet werden muss. Aber Kraft oder Stärke kommt in vielen verschiedenen Formen vor:

- als Charakterstärke;
- als Geisteskraft;
- als Führungsstärke;
- als Widerstandskraft in Versuchungen;
- als Kraft oder Bedeutung eines guten Rufes.

Ich bin sicher, dir fallen noch ein paar weitere Beispiele ein. Fang an und mache eine Liste. (Du darfst in dieses Buch schreiben.)

....

....

....

....

....

Mein Mann hatte auf jeden Fall ein kräftiges Auftreten, als ich ihm zum ersten Mal begegnete. Und – um es gleich zu sagen – es war für uns beide nicht die günstigste Gelegenheit.

Ich befand mich im ersten College-Jahr und gab jede Woche Sonntagsschul-Unterricht in einer der unteren Klassen der Highschool. Der Jugendpastor fragte mich, ob ich ihm während der Osterferien bei einer viertägigen Radtour helfen wollte. Ich willigte ein – froh, etwas während der Ferien zu tun zu haben.

Nachdem wir am ersten Tag durch den Regen geradelt waren, mussten wir die Nacht auf dem harten Fußboden einer modrigen, alten Kirche verbringen. Früh am nächsten Morgen, als es draußen donnerte und blitzte, klopfte jemand heftig an die Tür des Gemeindesaals. Ich war allein mit den Mädchen dort, während der Jugendpastor mit den Jungen am anderen Ende der Kirche schlief. Die Mädchen kreischten, als sie eine männliche Stimme schreien hörten: »Hey, nun macht schon die Tür auf!«

Ich ging zu der verschlossenen Tür und rief tapfer: »Wer ist da?«

»Ross Gunn. Mach die Tür auf! Wir sind patschnass.«

Ich wusste, dass ein weiterer Jugendleiter ein wenig später mit einer Gruppe von den Highschool-Jungen kommen sollte; aber ich wusste nicht, wie er hieß.

Ross schrie wieder: »Los, los! Mach auf!«

Zögernd öffnete ich die Tür nur einen Spaltbreit und blickte zum ersten Mal in das Gesicht meines zukünftigen Ehemanns. Natürlich wusste ich das damals noch nicht. Ich hielt ihn aber für einen ziemlich mutigen (und auch ansehnlichen) jungen Mann, der über eine beherrschende Kraft des Auftretens verfügte. Er trat ein; völlig durchnässt und ein bisschen gereizt ging er zum anderen Ende des Gebäudes hinüber, und all die genauso durchnässten Jungen folgten ihm.

Einige Stunden später trafen sich unsere Augen erneut. Die Teenies waren in der Küche der Kirche versammelt und aßen ihre Frühstücksbrötchen. Ross sagte ihnen, sie sollten ihren Abfall wegbringen und ihre Taschen packen, und sie machten das auch. Er war ein starker, bestimmender Mann, und alle Kinder liebten ihn. Er war ein echter Führer, und alle fühlten sich sicher, wenn sie seinen Anweisungen folgten.

Meine ersten Gedanken waren weniger günstig als die der Teenies. Ich fühlte mich durch sein kraftvolles Auftreten eingeschüchtert.

Dazu kam, dass ich einen Freund hatte. Mike und ich gingen schon einige Monate zusammen aus, und sein sanftes Temperament gefiel mir eigentlich besser.

Mike hätte nie so an der Tür gepoltert und lautstark Einlass gefordert, weil es in Strömen regnete. Er hätte niemals so deutlich Stellung bezogen oder wegen einer kleineren Sache einen Streit riskiert. Mike ließ die Dinge einfach laufen – und mitten in unserer Verlobungszeit war die Beziehung zu mir eines dieser Dinge, die er einfach aufgab, ohne dafür zu kämpfen.

Zurück zu der Radtour: Während der weiteren Planung für den bevorstehenden Tagesabschnitt sagte unser Jugendpastor, jemand müsse heute auf die Radtour verzichten und Ross' Auto zu dem Campingplatz fahren, wo wir die nächste Nacht verbringen sollten. (Er hatte es vor Beginn der Tour zur Verfügung gestellt, damit das Gepäck befördert werden konnte.) Die Aufgabe fiel mir zu. Mir tat es kein bisschen leid, nicht noch einen Tag durch den Regen fahren zu müssen.

Sobald die Radfahrer unterwegs waren, schlüpfte ich in Ross' Auto und winkte, als ich die Gruppe überholte. Dann fuhr ich zu dem Campingplatz. In diesem Augenblick kam die Sonne heraus, und plötzlich wurde der Tag herrlich, wie gemacht für eine Radtour.

Ich klappte die Sonnenblende herunter, um die Sonne abzuhalten. Und diese eine Handlung verwandelte meine Meinung über Ross.

Auf der Rückseite der Blende befand sich eine Liste. Ich las die ersten Worte und begriff, dass es sich um Ross' Gebetsliste handelte. Weil sie sehr ins Persönliche ging, klappte ich die Blende kurz danach hoch, obwohl ich nun beim Fahren blinzeln musste. Aber was ich gesehen hatte, brannte sich stark in meine Gedanken ein. Das erste Thema seiner Gebetsliste hieß: »Bete für deine zukünftige Frau.«

Bitte darum,
dass dein zukünftiger Ehemann ein starker Gebetskämpfer sein wird

Offensichtlich besaß Ross eine tiefe innerliche Kraft, was sein geistliches Leben betraf. Ich war noch keinem jungen Mann begegnet, der von sich sagte, er bete für seine zukünftige Frau. Immer glaubte ich, die Einzige zu sein, die das für ihren späteren Partner tat. Ich schrieb ihm Briefe[10] und betete für ihn.

Doch während dieser Radtour nahm ich mir keine Zeit, etwas mehr über Ross zu erfahren. Ich war zu sehr in Mike verliebt, um zu erkennen, dass diese innere geistliche Kraft ein verborgener Schatz in einem Mann ist. Während meiner frühen College-Jahre war mein Blick ein wenig zu sehr auf das Äußerliche und zu wenig auf das Innere gerichtet. Meiner Schwester erzählte ich sogar, mir sei völlig klar, dass ich nur einen Mann heiraten wolle, der dunkle, lockige Haare hätte. Darauf sagte sie: »Du heiratest das Herz, nicht die Haare.«

Und sie hatte recht.

Tricia hatte keine Schwester, die ihr gute Ratschläge geben konnte, während sie John kennenlernte. Allerdings hatte sie ein klärendes Gespräch, das ihr die Augen dafür öffnete, wie innere Kraft in einem Mann aussieht, der Gott mit seinem Leben ehrt.

10 A. d. H.: Das hat die Autorin zu Beginn von Kapitel 5 beschrieben.

Du sollst den HERRN, deinen Gott, lieben
mit deinem ganzen Herzen und mit deiner ganzen Seele
und mit deiner ganzen Kraft.

5. Mose 6,5

Tricia

Wenn sich ein Pärchen kennenlernt, möchten beide natürlich wissen, welche Beziehungen der Partner schon vorher gehabt hat. Offensichtlich hatte ich zuvor mindestens eine Beziehung gehabt; denn ich hatte einen Sohn. Aber ich wollte über John Bescheid wissen. Hatte er viele Bekanntschaften? Ist er schon einmal verliebt gewesen?

»Erzähl mir etwas über deine erste Freundin«, bat ich ihn, als wir wieder einmal zusammen spazieren gingen.

»Nun ja, sie war ein Mädchen, das mit der Frau meines Bruders bekannt war. Sie war nett und hübsch; aber unsere Bekanntschaft hielt nicht lange an.«

»Tatsächlich? Und warum nicht?«

»Nachdem wir unsere Beziehung angefangen hatten, kamen mir schwere Bedenken; denn was ich langfristig wollte, war nicht eine Freundin für den Augenblick, sondern eine Gefährtin, die mir in der Zukunft eine christliche, nach Gottes Maßstäben lebende Ehefrau werden sollte. Und ich war mir nicht sicher, dass dieses Mädchen diejenige Partnerin war, die Gott für mich vorgesehen hatte. So betete ich. Nach dem Gebet wusste ich, dass sie diese Person nicht war. Daher brach ich die Beziehung ab.«

»Fiel dir dieser Abbruch schwer?«, fragte ich, wobei ich ihm in die Augen blickte. Die Jungen, mit denen ich mich früher zu gemeinsamen Treffen verabredet hatte, sagten so etwas niemals. Bei ihnen ging es nie darum, Gottes Willen zu erkennen oder an eine spätere Heirat zu denken.

»Nein, eigentlich war es nicht schwer«, sagte John. »Ich bat Gott, dass er – wenn sie nicht die Richtige war – meine Gefühle für sie wegnehmen möge. Gott erhörte das Gebet, und ich empfand nichts mehr für sie. Sie tat mir leid; aber ich wusste, dass ich das Richtige tat.«

Als John mir das erzählt hatte, war ich erstaunt über solche Stärke. Vor allem aber fand ich es großartig, dass er Gottes Willen für sein Leben erkennen wollte; zweitens, dass er bereit war, ein solches Gebet zu sprechen; und drittens, dass er danach handelte.

Je mehr ich John kennenlernte, umso mehr begriff ich, dass ihn diese Stärke durch viele andere Herausforderungen hindurchtrug. Er hatte mehrere Freundschaften gehabt, war aber immer schnell bereit, Gottes Willen zu erkennen und diesen Willen ernst zu nehmen. Nach der Highschool ging John zur Marine. Wie man sich vorstellen kann, ist das Militär kein Ort, wo man leicht hohe Maßstäbe aufrechterhalten kann. Aber John ging einfach fort, wenn die anderen anfingen, schmutzige Witze zu erzählen. Er hielt sich vom Strandleben und von Orten fern, die für einsame Soldaten sehr anziehend sein konnten.

Einmal übernachteten die Angehörigen seiner Einheit irgendwo auf den Philippinen, als jemand an die Tür klopfte. Als John öffnete, sah er, dass der Hotelbesitzer eine Prostituierte hereinbringen wollte. John war fern von zu Hause, und ganz sicher hätte niemand es erfahren, wenn er sie hereingelassen hätte. Anstatt jedoch in dieser Versuchung zu straucheln, bezahlte John zwar für sie, schickte sie dann aber umgehend in ihr eigenes Heim zurück. Diese Geschichte erstaunte mich – obwohl ich John ja kannte und wusste, welche Art von Mann er war, erkannte ich jetzt, dass er auch innere Stärke gezeigt hatte. Er hatte den Versuchungen auf diesem Gebiet – und auch auf anderen – widerstanden und war stärker daraus hervorgegangen.

Da begriff ich: John gehörte zu den Männern, mit denen man sein Leben verbringen kann.

HABE ICH DIR NICHT GEBOTEN:
SEI STARK UND MUTIG?
ERSCHRICK NICHT
UND FÜRCHTE DICH NICHT!
DENN DER HERR, DEIN GOTT,
IST MIT DIR ÜBERALL,
WOHIN DU GEHST.

Josua 1,9

Und wie steht es um dich?

Denke an die von dir bewunderten Männer! Das könnte dein Vater sein oder ein älterer Bruder, ein Lehrer in der Schule, ein Pastor oder eine Führungsperson in deinem Ort. Nimm dir einen

Augenblick Zeit, um eine Liste von Eigenschaften aufzustellen, für die du diese Person bewunderst.[11]

- Was ihn charakterlich prägt:

....

....

....

- Worin sich seine geistliche Kraft zeigt:

....

....

....

- Wie er mit Versuchungen umgeht:

....

....

....

Eine Liste von schätzenswerten Eigenschaften anderer Menschen aufzustellen, ist ein guter Weg, dich darauf vorzubereiten, auf diese Dinge auch dann zu achten, wenn du dich mit Jungen verabredest. Bei uns beiden – Tricia und mir – wurden unsere Herzen aus verschiedenen Gründen zunächst zu anderen Männern hingezogen; doch die Stärke unserer zukünftigen Ehemänner überzeugte uns schließlich.

11 A. d. H.: Hier wird vorausgesetzt, dass die infrage kommenden Personen allesamt gläubig sind.

Beten – aber wie?

Wie bete ich, dass mein zukünftiger Ehemann stark sein wird?

- Bitte darum, er möge von Freunden umgeben sein, die Gott lieben, damit er gute Maßstäbe gewinnt.
- Bitte darum, er möge ein diszipliniertes Gebetsleben führen und intensiv in Gottes Wort lesen.
- Bitte darum, er möge seine Zukunft im Auge behalten und nicht auf Augenblickswünsche ausgerichtet sein.
- Bitte darum, dass er festbleibt gegenüber den Mächten des Bösen in unserer Gesellschaft.

Sie betete ... Gott antwortete

Ich betete für meinen zukünftigen Ehemann, nachdem ich angefangen hatte, die Christy-Miller-Bücher zu lesen. Ich wusste gar nicht, dass mein fünfzehnjähriger Klassenkamerad, der mit mir groß wurde, dieser Mann sein würde. Es überwältigt mich, wenn ich daran denke, dass ich zur gleichen Zeit für Ricky betete, als mir das Anliegen des Gebets für meinen zukünftigen Ehemann wichtig wurde. Gott ließ uns in seiner Gnade zu dem Mann und zu der Frau heranwachsen, wie es seinen jeweiligen Gedanken für uns als Mann und Frau entsprach.

– Anna

Während ich mit meinem Freund ging, meinte ich, er sei die perfekte Partie für mich, und ich war ganz hingerissen von ihm. Nach einigen Monaten in unserer Beziehung bemerkte ich »rote Ampeln«, und ich wusste: Das sind Warnsignale. Ich wollte aber kein Feigling sein und ihn nicht enttäuschen. Ich meinte, wenn ich an der Beziehung festhielte, würde sich schon ein Weg finden – ich müsste nur stark bleiben. Zwei Jahre lang betete ich, Gott möge mir meinen Freund nicht wegnehmen. Ich gab alles von mir in diese Beziehung: meinen Verstand, mein Herz und meine Seele ... ja, schließlich auch meinen Körper, wobei ich mich verzweifelt selbst zu überzeugen suchte, dass er »der eine« war. Als ich meinte, nur noch Wochen von einem Verlobungsring und einige Monate vom Hochzeitstag entfernt zu sein, machte mein Freund Schluss mit mir. Ich erinnere mich, weinend nach Hause gefahren zu sein. Und ich konnte nicht aufhören, Gott zu fragen, warum diese Sache so enden musste. Ich hatte so viel gebetet und so viel nach Gottes Willen gefragt; aber ich hatte nicht auf Gott gehört, der mir schon Jahre zuvor gesagt hatte, ich solle Schluss machen.

Es dauerte eine Weile, doch als ich begann, heil zu werden, begriff ich, dass mein Freund nicht einfach deshalb der Richtige für mich war, weil ich darum bat. Nun habe ich angefangen, für meinen wahren zukünftigen Ehemann zu beten ... und ich bitte, Gott möge auch mich für ihn vorbereiten. Dabei ist es mir ein Anliegen, dass ich die Kraft erhalte, selbst all das zu tun, worum ich Gott in Bezug auf meinen zukünftigen Ehemann bitte.

– Aimee

TRACHTET NACH DEM HERRN
UND SEINER STÄRKE,
SUCHT SEIN ANGESICHT
BESTÄNDIG!

1. Chronik 16,11

Ein Gebet für ihn

Lieber Herr, in einer Welt, die hübsche und körperlich kräftige Jungen anhimmelt, bitte ich Dich, dass Du meinem zukünftigen Ehemann als höchste Gabe innere geistliche Kraft verleihen mögest. Ich bitte Dich, diese Kraft möge in ihm wachsen, wenn er sich in Zeiten schwerwiegender Versuchungen zu Dir wendet. Ich bitte Dich, dass er in allen Bereichen, in denen er schwach ist, sich an Dich wendet, damit Du ihn stark machst.

Herr, ich bitte Dich, dass diese Stärke ihn zu einem rechten Führer macht, der in unserem Heim die Verantwortung wahrnehmen kann. Ich bitte Dich, dass er gegenüber den heimlichen Versuchungen in dieser Welt festbleiben möge. Ich bitte Dich, ihn mit Freunden in Kontakt zu bringen, die seine Kraft unterstützen, anstatt ihn zu Fall zu bringen. Wie derjenige, der an Hanteln trainiert und ständig in der Übung bleibt, Muskelmasse aufbaut, so bitte ich Dich, alle Lasten der Welt und die täglichen Herausforderungen zu seinem Guten und nicht zu seinem Schaden dienen zu lassen. In Jesu Namen. Amen.

Ein Gebet für mich

Genauso wie ich um Stärke für meinen zukünftigen Ehemann bete, bitte ich auch für mich. Wenn mich meine Gefühle zu einem bestimmten jungen Mann hinziehen, bitte ich Dich, dass ich mich zuerst zu Dir hinwende, anstatt mich mit solchen Gedanken zu tragen und die Fantasie ins Kraut schießen zu lassen. Ich bitte Dich, dass Du mich stark machst, wenn ich auf die Knie gehe. Ich bitte Dich, dass ich nicht müde werde, für meinen zukünftigen Ehemann zu beten, sondern vielmehr diese Aufgabe mit Eifer betreibe, weil ich weiß, dass er Nutzen davon hat und auch mir das zum Gewinn ist.

Und Herr, an jedem Tag, der kommt, habe ich das Gefühl, etwas zöge mich hinunter. Hilf mir, daran zu denken, dass Kraft daraus entsteht, wenn ich mich zu Dir wende. Dann wirst Du mich für meine Pflichten stärken. Darum bitte ich Dich jetzt. In Jesu Namen bitte ich Dich. Amen.

ER HAT ZU MIR GESAGT:
MEINE GNADE GENÜGT DIR,
DENN MEINE KRAFT
WIRD IN SCHWACHHEIT VOLLBRACHT.
DAHER WILL ICH MICH AM ALLERLIEBSTEN
VIEL MEHR MEINER SCHWACHHEITEN RÜHMEN,
DAMIT DIE KRAFT DES CHRISTUS
ÜBER MIR WOHNE.

2. Korinther 12,9

Meine Gedanken

über meinen zukünftigen Ehemann und mich, was geistliche Stärke betrifft

....

....

....

....

....

....

....

....

....

....

....

Diskussionsfragen

1. Sieh dir die folgende Liste an. Welche dieser Eigenschaften scheint dir die wichtigste zu sein? Warum?
   - Charakterstärke;
   - Geisteskraft;
   - Führungsstärke;
   - Widerstandskraft in Versuchungen;
   - Stärke des guten Rufs.

2. Wie fühltest du dich, wenn du wüsstest, dass dein zukünftiger Ehemann für dich betet? Um was sollte er am liebsten für dich beten?

3. Lies 1. Samuel 16,7. Was bekommt Gott zu sehen, wenn er in dein Herz schaut?

4. Was sollte Gott im Herzen deines zukünftigen Ehemanns sehen können? Worin bestehen deine diesbezüglichen Hoffnungen?

5. Robin sprach davon, durch Ross' forsches Auftreten zunächst eingeschüchtert worden zu sein; doch gerade diese Eigenschaft erwies sich (in Verbindung mit seiner Führungsstärke) als ausgleichendes Element in seiner Beziehung zu ihr. Welche Eigenschaften sollte deiner Meinung nach dein zukünftiger Ehemann haben, um deine Persönlichkeit auszugleichen?

6. Welcher besonderen Versuchung mag dein zukünftiger Ehemann im Augenblick ausgesetzt sein? Wie könntest du für seine Stärkung beten?

7. Lies Josua 1,9. Wohin magst du in den kommenden Jahren überall kommen (Gymnasium, Hochschule, Firma, Missionsfeld)? Auf welche Weise wird es dir helfen, wenn du in den kommenden Jahren Gottes Kraft suchst?

8. Wie helfen uns gottesfürchtige Freunde, stark zu sein? Nenne bestimmte Fälle, in denen nach Gottes Maßstäben lebende Freunde dir halfen, stark zu sein.

9. So wie Hanteln und regelmäßige Übungen die Muskeln stärken, können die Schwierigkeiten in dieser Welt und die täglichen Nöte für deinen zukünftigen Ehemann zum Guten oder zum Bösen beitragen. Aber wieso?

10. Lies 2. Korinther 12,9. Auf welche Weise spricht dieser Vers zu deinem Herzen? Inwiefern kann Gott durch deine Schwachheiten seine Stärke erweisen?

9

Bitte um Bewahrung

GOTT – SEIN WEG IST VOLLKOMMEN;
DAS WORT DES HERRN IST GELÄUTERT;
EIN SCHILD IST ER ALLEN,
DIE ZU IHM ZUFLUCHT NEHMEN.

2. Samuel 22,31

Robin

Tricia und ich glauben, dass Gebete, die aus den Herzen gottesfürchtiger junger Frauen kommen, tatsächlich das Herz und das Leben ihrer zukünftigen Ehemänner bewahren können.

Warum glauben wir so geheimnisvolle Dinge? Weil gerade dafür Jesus gebetet hat. Hast du das begriffen? Jesus hat für uns gebetet.

In der Nacht, in der er verraten wurde, traf sich Jesus in einem Obersaal mit seinen zwölf engsten Freunden und sagte: »Nicht für diese allein bitte ich, sondern auch für die, die durch ihr Wort an mich glauben« (Johannes 17,20). Diese alle, die an ihn glauben, das sind wir. Wir sind zum Glauben an Christus gekommen, der durch seinen Tod und seine Auferstehung uns Rettung und ewiges Leben geschenkt hat.

Stell dir vor: Jesus stand vor seiner Gefangennahme. Er sollte geschlagen und gekreuzigt werden; doch er betete für *uns*. Eine so unglaubliche Liebe!

Worum betete Jesus? Er betete für unsere Bewahrung: »Ich bitte nicht, dass du sie aus der Welt wegnehmest, sondern dass du sie bewahrest vor dem Bösen« (Johannes 17,15).

Bitte Gott, er möge deinen zukünftigen Ehemann vor dem Bösen bewahren.

In einem unsichtbaren Reich geht unsertwegen vieles unablässig vor sich. Engel? Dämonen? Böse Geister? Sie alle sind reale Wesen und stehen in einem beständigen Kampf in diesem geistlichen Reich. Als Tochter des Königs des Universums steht dir alles zur Verfügung, was du in diesem Kampf für deinen zukünftigen Ehemann brauchst.

Gott hat in Epheser 6,10-18 die großartige Waffenrüstung beschrieben, die auch seine Kämpferinnen anlegen sollen, wenn sie in diesen Krieg ziehen. Er beschließt die Beschreibung der Waffenrüstung mit der Zeile: »... zu aller Zeit betend mit allem Gebet und Flehen in dem Geist, und hierzu wachend ...« (Epheser 6,18). Gebet ist unsere heimliche Waffe. Gebet dringt bis ins feindliche Lager und jagt den bösen Feind in die Flucht. Gebet lässt Gottes Geist wirksam werden und schickt seine Engel in den unsichtbaren Kampf.

Die Bibel enthält viele erstaunliche Berichte darüber, wie Gott seine Engel aussandte, um seine Kinder zu beschützen. Eine meiner Lieblingsgeschichten ist die von Elisa. Er und sein Diener wachten morgens auf und sahen, dass die Stadt von syrischen Truppen umzingelt war. Der Diener war verständlicherweise erschrocken. »Was sollen wir jetzt machen?«

»Fürchte dich nicht«, sagte ihm Elisa. »Fürchte dich nicht! Denn mehr sind die, die bei uns, als die bei ihnen sind.«

Ich bin sicher, dass dieser Aufruf zum Vertrauen für den jungen Mann wenig Sinn ergab; denn allem Anschein nach standen nur Elisa und er selbst für diejenigen, die mit »uns« bezeichnet werden, während für das große Heer mit Pferden und Wagen der Ausdruck »ihnen« gebraucht wird.

Dann (und ich liebe diese Stelle) betete Elisa: »HERR, tu doch seine Augen auf, dass er sehe!« Und der Herr tat es. Er öffnete dem Diener die geistlichen Augen, damit dieser diejenigen sehen konnte, die zu »uns« gehörten und die für ihn kämpfen wollten. Der Berg war voller feuriger Pferde und Wagen. Weil zu Elisa und seinem Diener noch Gottes Heer hinzukam, waren viel mehr da als auf der Seite der Feinde.

Der Herr beschützte seine Leute an jenem Tag auf ganz besondere Art und Weise. Du kannst das in 2. Könige 6,8-23 nachlesen.

Das Schöne an Gottes ewigem Reich ist, dass jene feurigen Wagen nicht verrostet oder außer Dienst gestellt worden sind. Sie stehen noch heute unter Gottes Kommando, um uns zu Hilfe zu kommen. Eine betende Frau mit reinem Herzen wird ***zu-***

sammen mit der Menge der himmlischen Heerscharen immer stärker sein als alle Truppen des Bösen.

Der Herr aber ist treu, der euch befestigen und vor dem Bösen bewahren wird.

2. Thessalonicher 3,3

Ich erinnere mich genau, dass ich für Ross' Bewahrung zu beten begann, bald nachdem wir angefangen hatten, uns miteinander zu verabreden. Er war ziemlich waghalsig – mehr als die meisten jungen Leute, die ich kannte –, und er hatte ganz gewiss ein Kämpferherz. Mir gefielen diese Qualitäten an ihm, als sich unsere Wege zwei Jahre nach der ersten Begegnung auf der Radtour wieder kreuzten. Ich mochte den kämpferischen Geist, den ich in diesem tapferen jungen Mann mit schottischen Wurzeln immer mehr kennenlernte.

Unser erneutes Zusammentreffen wurde durch einen gemeinsamen Freund arrangiert, und unser erstes Date führte erstaunlich schnell zu inniger Freundschaft. Und es dauerte nicht lange, dass aus dieser Freundschaft eine Art beständige Liebe erwuchs. Schnell begriff ich: Wenn ich mit diesem Mann ein Leben lang Schritt halten wollte, musste ich ganz schnell lernen, wie eine Tochter des Königs zu beten.

Ross betete immerzu. Und wenn ich »immerzu« sage, meine ich das wörtlich. Beten war und ist auch jetzt noch für ihn wie das Atmen. Das Gespräch, das er mit Gott führte, dauerte von morgens bis abends, und das jeden Tag. Er betete nicht nur fortwährend für die Leute auf der Liste, die ich damals auf der Sonnenblende seines Wagens gesehen hatte, sondern auch für einfache Dinge wie für eine Parklücke, wenn er dorthin kam, wo scheinbar alles mit Autos zugestellt war.

Gott beantwortete seine Gebete. Das erlebte ich jedes Mal, wenn ich mich mit ihm traf. Seine Gebete setzten übernatürliche Kräfte frei.

Bald merkte ich, dass Leute wie Ross, die sich deutlich auf die Seite des Herrn stellen, von dem Bösen auf manchmal unvorstellbare Weise angegriffen werden. Und diese Angriffe hören nicht auf. Wenn ich mich Ross zeitlebens als Ehefrau anvertrauen wollte, wusste ich, dass ich es nötig hatte, täglich für die Bewahrung dieses Mannes zu beten.

Gleichzeitig wusste ich, dass der naheliegendste nächste Schritt in unserer Beziehung und in meinem Leben darin bestehen würde, ihn zu heiraten. Es wunderte mich, wie leicht mir diese Entscheidung fiel. Du weißt ja, dass die Leute in einem solchen Fall sagen: »Wenn du es weißt, dann spürst du es tief drinnen in deinem Herzen!« Und so ist es. Wenn ihr auf der Herzensebene zusammengefügt werdet und dabei beide Gott näher kommt, ist die Wahl zu heiraten ein kleiner Schritt, der euch innerlich Frieden gibt.

Man kann sich nur wundern, dass dieser verbindliche Schritt in Filmen und im Fernsehen völlig anders dargestellt wird als im realen Leben. In Wirklichkeit kaut man nicht ängstlich auf den Fingernägeln herum und fragt sich nicht, ob einem ein Antrag gemacht wird oder ob man diese Rose annehmen sollte. Auch wird die Entscheidung, diesen Menschen zu heiraten, nicht zu einem großen Teil von Verlustängsten und auch nicht von Befürchtungen beherrscht, was die Zukunft angeht. Die Brautwerbung ist keine Überraschung. Sie hängt auch nicht von der »Ja«- oder »Nein«-Antwort ab; denn der nächste Schritt ist beiden klar. Die häufigste Erwiderung auf die Frage »Willst du mich heiraten?« ist einfach: »Natürlich!« Eine durch Gebet beschützte Beziehung ist von den vielen kleinen Schritten gekennzeichnet, die das Paar die ganze Zeit über gemeinsam zum Traualtar gegangen ist. Der Weg der beiden Liebenden ist geebnet worden. Ihre Herzen sind auf den Herrn gerichtet. Und da ist Frieden.

Du wirst sie beschirmen;
und in dir werden frohlocken,
die deinen Namen lieben.

Psalm 5,12

Tricia

Es gab vieles, was John hätte zugrunde richten können, bevor wir zusammenkamen. Während er bei der Marine diente und auf einem Schiff stationiert war, befand er sich in gefährlichen Gewässern. Er sah sich geistlichen und gefühlsmäßigen Herausforderungen gegenüber – und sogar körperlichen.

Er hatte sich für sechs Jahre verpflichtet; aber im zweiten Dienstjahr saß er als Beifahrer in einem Lastwagen, der gegen einen Baum fuhr. Das war das Ende seiner Militärkarriere und fast auch das seines Lebens.

Unfallbedingt hatte er viele Verletzungen. Während ich auf der Highschool war und immer nur Ausschau hielt, wann und mit wem ich mich verabreden konnte, lag John mit Rückgratverletzungen im Krankenhaus und litt furchtbare Schmerzen.

Seine körperlichen Verletzungen heilten wieder, und ich kehrte von meinen bösen Wegen um. Zu der Zeit brachte Gott unsere Wege zusammen.

Bevor ich John kennenlernte, hatte Gott ihn vor vielem bewahrt; doch als wir unsere Beziehung begannen, begriff ich, dass John am meisten vor einem gebrochenen Herzen bewahrt werden musste.

Denn wie es häufig der Fall ist, wurde ich – seit ich mit John ausging – plötzlich für die jungen Leute begehrenswert, die mich früher verachtet hatten. Nun, wo sie mich nicht mehr haben konnten, interessierten sie sich für mich.

Sogar der Vater meines Babys versuchte, ein paarmal herauszubekommen, ob er noch eine Chance bei mir hatte. Bei anderen Gelegenheiten schienen alte Freunde wie aus dem Nichts aufzutauchen.

Ich würde lügen, wenn ich sagte, das hätte mich nicht angefochten, was besonders für Robbie galt. Alle Gefühle, die ich mit ihm verband, bestanden immer noch. Obwohl sein erneutes Auftauchen nichts Gutes bedeutete, wollte ich immer noch, dass er mich begehrte. Und es klingt verrückt; aber wenn ich zu lange über das Vergangene nachdachte, erinnerte ich mich nur an die guten Zeiten, die ich mit Robbie verbracht hatte, während alles Böse vergessen schien.

Während dieser Zeit der Bekanntschaft mit John betete ich für seine Bewahrung. Ich tat das, indem ich Gott bat, mein Herz zu verändern. Ich wollte mich ganz an diesen wunderbaren, nach Gottes Maßstäben lebenden Mann binden, den Gott mir geschenkt hatte. John vertraute mir. Er war bereit, die Chance zu ergreifen, mir sein Herz zu schenken, und ich wusste, dass der Flirt mit jenen alten Versuchungen dem Mann, den ich immer mehr zu lieben begann, Schmerzen bereitete.

Vieles kann einen Mann verletzen; aber nichts ist schlimmer, als wenn die Frau, die er liebt, mit ihren Gedanken und Blicken bei einem anderen ist. Als John und ich uns näherkamen und auch bald verlobt waren, merkte ich etwas von diesem inneren Kampf.

Der Feind benutzt nämlich manchmal Dinge »da draußen«, um diejenigen zu verletzen, die wir lieben. Zu anderen Zeiten benutzt er unsere sündige Natur, den Geist in uns zu bedrängen, was letztlich dahin führt, dass wir eine Quelle für Verletzungen werden. Der Apostel Paulus schreibt in Römer 7,15.17-18:

WAS ICH VOLLBRINGE, ERKENNE ICH NICHT;
DENN NICHT DAS, WAS ICH WILL, TUE ICH,
SONDERN WAS ICH HASSE, DAS ÜBE ICH AUS. [...]
NUN ABER VOLLBRINGE NICHT MEHR *ICH* ES, SONDERN
DIE IN MIR WOHNENDE SÜNDE. DENN ICH WEISS, DASS IN MIR,
DAS IST IN MEINEM FLEISCH, NICHTS GUTES WOHNT.

Wenn du durchs Leben gehst, wirst du feststellen, dass dein größter Feind in deinem Inneren wohnt. Da machst du Dinge, die du nicht tun willst, und du machst Dinge nicht, die du tun solltest. Das ist etwas, für das du beten müsstest – jetzt, heute. Aber auch für deinen zukünftigen Ehemann musst du um Kraft beten, damit er gegen seine sündige Natur siegreich bleibt.

Das Gebet aus Psalm 139,23-24 bete ich oft:

ERFORSCHE MICH, GOTT, UND ERKENNE MEIN HERZ;
PRÜFE MICH UND ERKENNE MEINE GEDANKEN!
UND SIEH, OB EIN WEG DER MÜHSAL BEI MIR IST,
UND LEITE MICH AUF EWIGEM WEG!

Allzu leicht können wir durchs Leben gehen und so tun, als sei alles zum Besten bestellt, während in unserem Innern Fäulnis um sich greift. Wie viel besser ist es da, jeden Tag in dem Bewusstsein zu leben, dass in Herz und Gedanken vor Gott alles in Ordnung ist, weil du ihn ehrlich gebeten hast, dich rein zu machen. Wir alle haben Vergebung und Reinigung nötig – jeden Tag aufs Neue.

Im Lauf der Jahre flammten zu verschiedenen Zeiten die Versuchungen wieder auf. Weil ich mich selbst – meinen Körper, meine Gefühle und mein Herz – an andere verschenkt hatte, bevor ich John begegnete, trage ich solche Erinnerungen tief in mir, die schönen Augenblicke genauso wie die schmerzlichen. Gott hat nicht aufgehört, auf diesem Gebiet Heilung zu schenken; aber es hat viele Gebete gekostet. John betet für mich, und ich bete für ihn. Unsere Gebete füreinander begannen während der Zeit, in der wir uns zu regelmäßigen Treffen verabredeten, und wir haben ihre Kraft in all den folgenden Jahren verspürt. Alles hängt nur von den Gebeten ab. Mein Herz weiß es ganz sicher.

LAUTERKEIT UND GERADHEIT MÖGEN MICH BEHÜTEN,
DENN ICH HARRE AUF DICH.

Psalm 25,21

Und wie steht es um dich?

Hast du jemanden, der für dich betet? Bitte diese Person, sie möge darum beten, dass du vor dem Bösen geschützt wirst. Bitte ihn oder sie, dafür zu beten, dass dein Geist, Herz und Gefühl bewahrt bleiben. Es gibt keine Stelle, durch die der Böse nicht einzudringen versucht.

Erinnere dich in jeder Situation, dass du zu Christus gehörst. Er lebt in dir. So heißt es in 1. Johannes 4,4: »Der, der in euch ist, [ist] größer ... als der, der in der Welt ist.« Jesus hat die Macht, in jeder Herausforderung und jedem Kampf Sieger zu sein, womit du heute konfrontierst wirst. Deine Aufgabe ist, dich zu ihm zu wenden, ihn zu suchen und zu ihm zu beten.

Beten – aber wie?

Wie kann ich dafür beten, dass mein zukünftiger Ehemann bewahrt bleibt?

Bitte, dass er jeden Tag die ganze Waffenrüstung Gottes anlegt, wie sie in Epheser 6 aufgelistet ist, damit er dem Bösen Widerstand leisten kann. Bete besonders dafür, dass er ...

- ... den Gürtel der Wahrheit umbindet. Bitte darum, dass er ihn stramm umschnallen möge.
- ... den Brustharnisch der Gerechtigkeit trägt, damit er gute Entscheidungen trifft und ein Leben führt, durch das Gott geehrt wird. Dann bleibt sein Herz so bewahrt, wie ein solcher Harnisch die lebenswichtigen Organe beschützt.
- ... seine Füße in Marschstiefel steckt, damit er allzeit bereit ist, dahin zu gehen, wohin Gott ihn führt. Dann ist er in der Lage, auch an schwierige Stellen zu gelangen, um anderen die großartige Botschaft zu sagen, wie sie Frieden mit Gott bekommen können.
- ... täglich den Schild des Glaubens aufnimmt. Bitte darum, er möge den Schild so halten, dass er vor den feurigen Pfeilen des Feindes beschützt bleibt, die dieser an jedem Tag seines Lebens auf ihn abschießt.
- ... den Helm des Heils aufsetzt, damit sein Geist in der Erkenntnis bewahrt bleibt, wer er in Christus ist. Er ist erlöst und ein Kind Gottes, des Allerhöchsten. Bitte, dass ihm das stets gegenwärtig ist und seine Gedanken beschützt.
- ... lernt, mit dem Schwert des Geistes umzugehen, das Gottes Wort ist. Bitte, dass er dieses Schwert zieht und es gebraucht, um die Angriffe des Feindes abzuwehren. Bitte auch darum, dass er erkennt: Alles, was ich brauche, ist in Gottes Wort zu finden.

Und vergiss nicht, all dies ebenso für dich selbst zu erbitten.

Sie betete ... Gott antwortete

Ich erinnere mich, dass ich mich mit siebzehn Jahren einmal stark gedrungen fühlte, für meinen zukünftigen Ehemann zu beten. Ich bat Gott, er möge ihn bewahren, wo immer er auch sein mochte. Außerdem bat ich ihn, ihm ganz nahe zu sein – einerlei, was auch geschehen würde. Jahre später, als ich mit dem Mann ausging, der jetzt mein Ehemann ist, erzählte er mir eine Geschichte, die mich überzeugte, dass er derjenige war, für den ich gebetet hatte.

Es war bei einer sommerlichen Party, die im Rand eines Swimmingpools gefeiert und bei der viel getrunken wurde. Auch er war ziemlich berauscht. Doch dann wurde er mit einem Schlag nüchtern. Er sah alle seine betrunkenen Gefährten, und es überkam ihn das überwältigende Bewusstsein, nicht hierher zu gehören. So stand er auf und ging heim. Seit diesem Abend distanzierte er sich von diesem Lebensstil und jenen Freunden, um seine Reise mit Christus zu beginnen. Ich glaube ganz sicher, dass es jener Abend war, an dem ich so eindringlich für ihn bat.

– Emily

Nach meiner Schulzeit ergab sich eine dreimonatige Pause, bevor meine berufliche Ausbildung begann. Währenddessen hatte nichts anderes in meinem Kopf Platz als der Gedanke an meine Zukunft. Ein junger Mann stand ganz oben auf meiner Liste. Und meine Mutter schlug vor, wir sollten diese Wartezeit damit zubringen, für meinen zukünftigen Ehemann zu beten.

Sie sagte mir, wir sollten täglich eine Stunde beten, und sie meinte es ernst damit. Gewöhnlich gingen wir in ihr Schlafzimmer, wo ich mich auf ihr Bett setzte oder mich hinkniete. Immer wieder beteten wir, Gott möge bei meinem zukünftigen Ehemann sein. Unser Anliegen war, dass er ihn rein erhalten möge. So beteten wir für sein Herz und dafür, dass er sich für Gott einsetzen sollte. Meine Mutter meinte es wirklich ernst!

Wir beteten sieben Tage die Woche. An sechs Tagen trugen wir gewöhnlich viele Bitten für meinen zukünftigen Ehemann vor. Am siebten Tag nahmen wir meist auf alle diese Bitten Bezug, indem wir Gott dafür dankten, dass er ihn rein erhielt, sein Herz bewahrte und über seinen Einsatz für ihn wachte.

Als meine Ausbildung begann, hörten meine Gebetszeiten mit meiner Mutter auf; aber ich selbst behielt diese Praxis bei, indem ich weiter für meinen zukünftigen Ehemann betete. Drei Jahre später schrieb mich ein junger Mann per SMS an, der zum Bekanntenkreis meiner Freunde gehörte. Er wollte mit jemand anderem Verbindung aufnehmen und war »per Zufall« an mich geraten; aber wir wurden schon bald Freunde. Schließlich kam es heraus: Er war der Gesuchte!

Ich weiß, dass meine Gebete vieles veränderten. Jedes Gebet war wie ein Schutzschild um meinen zukünftigen Ehemann. Aber durch das Beten wurde auch ich selbst verändert.

Ich bin so froh, dass meine Mutter mit mir zusammen gebetet hat. Das erinnert mich an Prediger 4,9-10: »Es ist besser, dass man zu zweit ist als allein, denn die beiden haben einen guten Lohn für ihre Mühe. Denn wenn sie fallen, so hilft der eine dem anderen auf« (Schlachter 2000).

Mein Leben wurde durch diese Gebete für immer verändert.

– Shannon R.

DU WARST UNSRE HILFE VON EWIGKEIT HER –
WIR GLAUBEN, DU WIRST ES AUCH FERNERHIN SEIN.
BESCHÜTZ UNS, WENN UNSERE LASTEN ZU SCHWER,
UND FÜHR UNS DANN ENDLICH INS VATERHAUS EIN.

Isaac Watts

Ein Gebet für ihn

Lieber Herr, wo immer mein zukünftiger Ehemann in diesem Augenblick sein mag, ich bitte Dich, ihn zu bewahren. Ich bitte Dich, eine Schar Engel um ihn her zu stellen, und ich bitte Dich, Deine Ohren auf ihn gerichtet zu halten, um sein Schreien um Hilfe zu hören. Und wo er in Kämpfe verwickelt ist, öffne seine Augen, damit er sieht, dass Deine Heere auf seiner Seite stehen und gegen den Feind kämpfen.

Ich bitte Dich, dass mein zukünftiger Ehemann Tag für Tag Deine Waffenrüstung anlegt. Ich bitte Dich, dass er den Unterschied feststellt zwischen den Tagen, wo er es tut, und denen, wo er zu bequem dazu ist oder es vergisst.

Ich bitte Dich, ihm nicht nur beim Kampf gegen die äußeren Feinde beizustehen, die ihn niederzwingen wollen, sondern auch beim Kampf gegen seine eigene sündige Natur. Manchmal, Herr, haben wir am meisten mit unseren sündigen, fleischlichen Lüsten zu kämpfen. Ich bitte Dich, ihm zu helfen, auch auf diesem Gebiet stark zu sein.

Und schließlich, Herr, danke ich Dir für alle Gelegenheiten, bei denen Du ihm schon beigestanden hast – Gelegenheiten, von denen wir nie erfahren werden, bevor wir in die Ewigkeit bei Dir gelangen werden. Danke! Danke! Dank sei Dir! Amen.

Ein Gebet für mich

Lieber Herr, ich kenne meine Schwachheit besser als jeder andere um mich her. Ich begreife, wie sehr ich andere verletzt habe. Wie unfreundlich bin ich oft! Wie oft lasse ich mich zu Dingen verleiten, die mir schaden, und wie oft wende ich mich von solchen weg, die zu meinem Guten sind. Ich bitte Dich um Bewahrung, Herr, ich bitte, Du wollest mich vor Schaden und vor mir selbst bewahren. Ich weiß, Herr, dass die Entscheidungen, die ich mit Dir treffe, meinen zukünftigen Ehemann davor schützen, dass sein Herz meinetwegen bricht.

Erinnere mich, Herr, täglich daran, mich für den Kampf richtig anzuziehen. Mein Herz muss beschützt, mein Verstand bewahrt und ich selbst muss mit Wahrheit umgeben werden. Meine Füße müssen bereit werden, um für Dich an die Arbeit zu gehen. Mit dem Schild des Glaubens und dem Schwert des Geistes, Deinem Wort, will ich voranschreiten. Ich bitte Dich um all dies in Jesu Namen. Amen.

Der Herr sagt:
Weil er Wonne an mir hat,
will ich ihn erretten;
ich will ihn in Sicherheit setzen,
weil er meinen Namen kennt.

Psalm 91,14

Meine Gedanken

über meinen zukünftigen Ehemann und mich, wie wir beschützt werden

Diskussionsfragen

1. Was bedeutet es für dich, wenn du weißt, dass Jesus an dem Abend vor seinem Tod für deine Bewahrung gebetet hat?

2. Jesus bat, dass wir vor dem Bösen bewahrt würden. Inwiefern hilft es dir, daran zu denken und darauf achtzugeben, dass da jemand ist, der dich unglücklich machen will?

3. Erinnere dich an eine Zeit, in der Gott dir die Augen dafür öffnete, dass seine Macht und seine Bewahrung dich ringsumher umgaben.

4. Welche Bitte um Bewahrung kannst du speziell für deinen zukünftigen Ehemann vor Gott bringen?

5. Tricia sprach darüber, dass ihre Flirts mit Gefühlen, die von früheren Beziehungen herrührten, Johns Herz verletzten. Wenn alte Empfindungen in dir aufsteigen, wie kannst du dich vor ihnen schützen?

6. Lies Römer 7,15-25. Wenn du durchs Leben gehst, mögen auch in dir selbst die allerschwersten Kämpfe toben. Bei welchen Kämpfen können dir deine Freunde im Gebet helfen?

7. Auf welche Weise beschützen uns Reinheit und Aufrichtigkeit, wie es in Psalm 25,21 in manchen Bibelübersetzungen heißt? Wie kannst du diesen Vers auf das Gebet für deinen zukünftigen Ehemann anwenden?

8. Wieso gehört Mut dazu, Psalm 139,23-24 zu beten: »Erforsche mich, Gott, und erkenne mein Herz; prüfe mich und erkenne meine Gedanken! Und sieh, ob ein Weg der Mühsal bei mir ist, und leite mich auf ewigem Weg!«?

9. Warum hört deiner Meinung nach die Liste der Waffenrüstung für Frauen, die um geistlichen Sieg beten, in Epheser 6,18 folgendermaßen auf: »... zu aller Zeit betend mit allem Gebet und Flehen in dem Geist«?

10

Bitte um vertrauten Umgang

Oder wisst ihr nicht, dass der,
welcher der Hure anhängt, *ein* Leib mit ihr ist?
»Denn es werden«, spricht er, »die zwei
ein Fleisch sein.« Wer aber dem Herrn anhängt,
ist *ein* Geist mit ihm. Flieht die Hurerei!
Jede Sünde, die ein Mensch begehen mag,
ist außerhalb des Leibes; wer aber hurt,
sündigt gegen seinen eigenen Leib.

1. Korinther 6,16-18

In einer Umschreibung dieser Verse kann man Folgendes lesen:

Sex bedeutet mehr als nur Haut auf Haut.
Sex ist viel mehr ein geistliches Geheimnis als nur
ein körperlicher Akt. Denn in der Bibel steht:
»Sie werden ein Fleisch sein.« ... Wir dürfen nicht

nach solcher Sexualität streben, die Hingabe und Vertrautheit vermeidet und uns einsamer macht als je zuvor – denn eine solche Art von Sexualität kann nie zu einer wirklichen seelischen Einheit führen.

Robin

Hier kommt es nun – das Kapitel, in dem wir darüber sprechen, dass dein zukünftiger Ehemann sowohl ein guter Liebhaber als auch einer sein soll, der Gott lieb hat.

Sexuelle Intimität mit unserem Ehepartner ist nur eine Seite des Intim-Seins. Wir alle erleben intime, vertraute Beziehungen, die nichts mit Sexualität zu tun haben, wozu natürlich auch die Beziehung zu unserem Herrn gehört. Das Erste, was mir in den Sinn kommt, wenn ich an jemanden denke, der Gott lieb hat und der Vertrautheit mit dem Herrn erkennen lässt, ist das Bild in Johannes 13: Johannes lehnte beim letzten Passahmahl seinen Kopf an die Brust Christi. Die Beziehung des Johannes zu seinem Herrn war so eng, dass er die Freiheit besaß, sich seinem Heiland auf eine so außerordentliche und rückhaltlose Weise zu nähern.

Bringt es uns nicht zum Staunen, dass wir eingeladen werden, dieselbe Nähe zu unserem Herrn einzunehmen, wenn wir im Gebet zu ihm kommen? Er hat es möglich gemacht, dass wir ihm so nahe kommen und ihn so vertrauensvoll ansprechen dürfen.

Am gleichen Abend des letzten Passahmahls erklärte Jesus seinen Jüngern, dass die Beziehung zwischen Gott und uns kurz vor einem Wandel stand. Jesus sagte ihnen bei dieser Gelegenheit, dass er uns nicht mehr Knechte oder Sklaven nenne, die ja nicht wüssten, was ihr Herr tue. Dann sagte er ihnen: »Euch aber habe ich Freunde genannt« (Johannes 15,15).

Sobald zwischen Menschen wahre Freundschaft anfängt, verändert sich alles. Freundschaft ist der erste, leise Schritt in die Intimität. Und nun stell dir vor: Wir sind eingeladen, Freunde des Sohnes Gottes zu werden! Und er vertraut sich seinen Freunden an. Wir dürfen ihm nahekommen und ihm unsere tiefsten Gedanken und Gefühle mitteilen. Das ist der Ort, an dem alle, die Gott lieben, lernen können, was Intimität im Grunde ist.

Intimität ereignet sich auf der Ebene des Herzens und bestimmt, was du über dich selbst und über deinen Partner denkst, nicht nur über dessen Körper, sondern auch über seine Seele und seinen Geist. Intimität erzeugt Vertrauen. Wenn diese Art von Offenheit und Sicherheit schon in den frühen Phasen einer Freundschaft auftritt, dann weißt du, dass alles, was du der anderen Person mitteilst, respektiert, wertgeschätzt und belohnt wird.

Ich glaube, wir finden in den heute gezeigten Film- und Fernsehgeschichten nur wenige Beispiele dafür, wie diese unsichtbare Bindung aussieht. Es ist leicht zu zeigen, wie körperliche Intimität aussieht; aber dabei fehlt das, was im wirklichen Leben die Intimität auf der Herzensebene ausmacht.

Jeder Mensch besteht aus Geist, Seele und Leib (Körper):

- der Geist – der unsichtbare Teil unseres Seins, der ewig lebt, unser Herz oder das Zentrum unserer Persönlichkeit;
- die Seele – unser Denken, Fühlen und Wollen;
- der Körper – unsere irdische Gestalt.

Wahre Intimität verbindet alle drei Bereiche miteinander. Gottes Absicht für Mann und Frau ist, dass sie sich in der Ehe ganz fest miteinander verbinden. Das scheint einfach zu sein, ist es aber nicht. Aber warum ist das so?

Ich denke, diese intime Verbindung wurde schon damals nach dem Sündenfall im Garten Eden zwischen Adam und Eva zu einer zerbrechlichen Angelegenheit. Gott schuf einen Mann und eine Frau, und nach seinen Gedanken sollten sie miteinander verbunden werden. Und es ist immer noch sein Plan: ein Mann und eine Frau für ihr gesamtes Leben. Vor dem Sündenfall hatten Adam und Eva nichts voreinander zu verbergen; denn die Bibel sagt uns: »Und sie waren beide nackt, der Mensch und seine Frau, und sie schämten sich nicht« (1. Mose 2,25).

Wahre Intimität empfindet keine Scham. Man kann dem Partner alles anvertrauen, was man hat: Geist, Seele und Leib, und man weiß, dass man gehört, gesehen, angenommen und verstanden wird.

Erinnerst du dich daran, was nach dem Sündenfall geschah? Das Erste, was Adam und Eva taten, war, Feigenblätter zusammenzustecken, um ihre Körper voreinander zu verbergen. Dann gingen sie nicht mehr wie zuvor im Garten umher, sondern versuchten, sich vor Gott zu verbergen. Sowohl zwischen Gott und ihnen als auch untereinander war die Intimität zerbrochen.

Die Ehe ermöglicht uns die Chance, wenn auch nur auf eine vergängliche und zerbrechliche Weise, die ursprüngliche Intimität zwischen Mann und Frau zu erleben, zu der uns Gott erschuf: nackt, und doch ohne uns zu schämen. Jede Frau, die das erlebt hat, wird dir sagen können, was für eine unglaublich schöne Sache es ist, aufgrund des Ehebundes nackt vor dem einen Mann in ihrem Leben zu erscheinen und keine Scham zu empfinden. Aber es ist nicht nur die Freiheit, ohne Furcht nackt zu erscheinen, die Intimität nährt. Es ist die Freiheit, in jeder Hinsicht offen vor deinem Partner zu sein und dabei zu wissen: Du bist angenommen, wertgeschätzt und geliebt.

Intimität drückt sich in wissenden Blicken aus, die man sich quer durch das Zimmer zuwirft, in einer zarten Berührung genau zur richtigen Zeit und in geflüsterten Worten der Zuneigung.

Wenn Mann und Frau in unbegrenzter Intimität zusammenleben, vertieft sich ihre Beziehung von Jahr zu Jahr, und beide entdecken, dass sich ihre Gemeinschaft auch auf den gedanklichen, gefühlsmäßigen und körperlichen Bereich erstreckt – auf jene kostbaren Teile ihres Seins, die früher verborgen waren. Es gehört zur Heiligkeit der Ehe, dass man in diesen sicheren Hafen gelangen kann, in dem man alles, was man hat und ist, in die Gemeinschaft einbeziehen kann, ohne sich schämen zu müssen.

Ich erinnere mich an den ersten, wirklich schrecklichen Streit, den Ross und ich nach unserer Heirat hatten. Er begann mit einer Auseinandersetzung, in deren Verlauf wir beide uns immer deutlicher verletzten. Dazu gehörten »deutliche Wahrheiten«, Tränen, Geschrei, Schweigen, Vergebung, noch viel mehr Tränen – und schließlich tiefer, bleibender Frieden. Als ich an dem Abend zu Bett ging, fühlte ich mich ganz innig mit meinem Mann verbunden, weil ich wusste, dass wir in dieser Beziehung »die lange Reise« aushalten würden. Keiner von uns beiden hatte etwas zu verbergen. Selbst wenn das Schlimmste bei uns zutage trat, konnten wir damit umgehen. Ich hatte gemerkt, dass ich Ross die tiefsten und scheußlichsten Abgründe meines Herzens anvertrauen durfte und dass dabei unsere Intimität nur stärker wurde.

Eine der göttlichen Absichten für eine Ehe ist, dass sie ein Leben lang Bestand hat, damit die Intimität die Zeit und Wirkungsmöglichkeit gewinnt, die sie braucht, um zwei Menschen auf der Herzensebene aneinander zu binden. Warum ist das so wichtig? Diese Art der Intimität mit einer anderen Person gibt uns eine deutlichere Vorstellung von der Tiefe der Intimität und Vertrautheit, die wir in der Beziehung zu Gott haben sollen. Er will uns immer näher zu sich ziehen. Er will für uns dasselbe, was er für Adam und Eva vorgesehen hatte: Es geht darum, dass wir aus dem Versteck kommen, um offen und ehrlich vor ihm zu leben und »dranzubleiben«, was unsere Beziehung zu ihm betrifft. Jeder Schritt, der uns Gott näher bringt, versetzt uns in eine Beziehung zu ihm, die größere Vertrautheit und mehr Frieden mit sich bringt.

Intimität ist eine schöne, aber auch zerbrechliche Gabe. Gott hat diese Gabe dazu bestimmt, dass Mann und Frau sie ein Leben lang teilen, um in Bezug auf Geist, Seele und Körper voreinander immer ganz offen zu sein, ohne sich schämen zu müssen.

Bete darum, dass dein zukünftiger Ehemann Geist, Seele und Körper bewahren möge, damit ihr beide die Gabe wahrer Intimität in vollem Maß erfahren könnt.

Als Ross und ich verlobt waren, konnten wir wie andere verliebte Paare kaum abwarten, verheiratet zu sein. Wir entdeckten immer klarer, wie unsere andersartigen Denk- und Handlungsweisen einander ausbalancierten. Wir beide begannen, unser Leben dem des anderen anzupassen. Unser beider Denken, Fühlen und Wünschen ergänzte sich wunderbar. Kaum auszuhalten war die Spannung, dass wir nicht ausprobieren durften, wie unsere Körper zueinander passten.

Aber wir wussten, dass der Lohn großartig sein würde, wenn wir warteten.

Um unsere Abmachung abzuwarten zu unterstützen, kauften wir eine Grußkarte, die wir einrahmten. Die Karte zeigte einen Mann und eine Frau, die beim Sonnenuntergang Hand in Hand am Strand entlang gingen. Traumhaft! Auf die Innenseite der Karte schrieben wir beide das Versprechen, das wir einander gegeben hatten. Unser Versprechen diente dazu, uns jeweils ***füreinander*** aufzuheben, auch wenn es bedeutete, uns bis zu den Flitterwochen ***voreinander*** zu schützen. Wir unterschrieben und datierten die Karte, bevor wir sie in den Rahmen steckten.

Die eingerahmte Karte hängten wir über das Sofa in Ross' Wohnung. Das war dort, wo wir in der größten Gefahr standen, abzugleiten und zu weit zu gehen. Diese schlichte unterschriebene Vereinbarung erinnerte uns fortwährend an das Versprechen, das wir einander gegeben hatten. Diese sichtbare Erinnerung half uns, bis zu unserem Hochzeitstag die Gabe der Intimität zu schützen und zu bewahren.

Und ja, das war es wirklich wert. Und das gilt noch bis heute, so viele Jahre danach.

**Das Verborgene ist des HERRN, unseres Gottes;
aber das Offenbarte ist unser
und unserer Kinder in Ewigkeit,
damit wir alle Worte dieses Gesetzes tun.**

5. Mose 29,28

Warten

Ich will auf wahre Liebe warten.
Ich will auf Intimität warten.
Ich will warten, bis mein Herz bereit ist.
Ich will auf Gottes Timing warten.
Ich will warten wegen meiner Reinheit.
Ich will nur auf einen Mann warten.
Ich will warten wegen des weißen Kleides.
Ich will warten auf alles, was in Gottes Augen heilig ist.
Ich will warten, weil ich ein besonderer Schatz bin.
Ich will warten, wenn die anderen um mich her nachgeben.
Ich will warten, solange wie es dauert.
Ich will warten und mein Herz Dir offen halten, Herr.
Ich will warten mit leeren Händen und nicht müde werden.
Ich will warten auf meinen zukünftigen Ehemann.

– Rachel Gunn

Tricia

Endlich kam der lang ersehnte Tag, mein Hochzeitstag. Ich stand in einem weißen Kleid am Eingang zur Kirche. Viel war in meiner Vergangenheit passiert; aber ich vertraute Gott, dass er mir vergeben hatte. Ich stand dort rein, hatte Gottes Vergebung erfahren und war bereit, ein neues Leben mit dem anzufangen, der gleich mein Ehemann sein würde. Herz und Leben hatte ich Christus übergeben. Er hatte mich aus dem Sumpf der Schmerzen und der Sünde gezogen, in dem ich mich befunden hatte. Er hatte mich gereinigt, indem er meine Sünden auf sich genommen und mir seine Reinheit dafür gegeben hatte. Ich wusste, dass Gott mich um Christi willen hier in der Kirche in den Farben der Reinheit stehen sah. Weiß war nicht das, was ich gewöhnlich gewählt hätte. Es war das Zeichen dafür, wie Gott mich sah.

Kommt denn und lasst uns miteinander rechten,
spricht der HERR.
Wenn eure Sünden wie Scharlach sind,
wie Schnee sollen sie weiss werden;
wenn sie rot sind wie Karmesin,
wie Wolle sollen sie werden.

Jesaja 1,18

Weißt du was? Als ich durch das Kirchenschiff schritt und John lächeln sah, erblickte er mich ebenso: wunderschön und rein, die Seine. Ja, selbst nach zwanzig Ehejahren nennt mich John immer noch seine Braut. »Wie geht's denn heute meiner Braut?«

»Wo möchte mein Bräutchen denn heute essen gehen?« »Was ich im Augenblick gerade am nötigsten habe, ist ein Kuss von meiner Braut.«

Wenn es dir wie mir geht und du dich so verhalten hast, dass du unrein geworden bist, brauchst du nicht schamvollen Gefühlen nachzuhängen. Gott kann dich abwaschen und reinigen. Und nichts will er lieber tun.

Und vielleicht bist du – genauso wie ich – bekümmert, dass kein nach Gottes Maßstäben lebender Mann dich jemals haben will. Vielleicht denkst du, dass solch ein Mann dich wie eine verdorbene Ware betrachtet. Ich bin der Beweis dafür, dass das nicht der Fall sein muss. Fang heute an, dafür zu beten – bete dafür, dass dein zukünftiger Ehemann dich als eine reine, schöne Frau ansieht, wie Christus sie aus dir gemacht hat.

Irgendwo ist ein solcher Mann, wenn es Gottes Plan für dein Leben entspricht. Vertraue! Glaube!

[ABRAHAM,] DER GEGEN HOFFNUNG
AUF HOFFNUNG GEGLAUBT HAT ...
UND ZWEIFELTE NICHT AN DER VERHEISSUNG GOTTES
DURCH UNGLAUBEN, SONDERN WURDE GESTÄRKT IM GLAUBEN,
GOTT DIE EHRE GEBEND, UND WAR DER VOLLEN GEWISSHEIT,
DASS ER, WAS ER VERHEISSEN HATTE,
AUCH ZU TUN VERMAG. [...]
ES IST ABER NICHT ALLEIN SEINETWEGEN GESCHRIEBEN,
DASS ES IHM ZUGERECHNET WORDEN IST,
SONDERN AUCH UNSERTWEGEN ... DIE WIR AN DEN GLAUBEN,

der Jesus, unseren Herrn, aus den Toten auferweckt hat,
der unserer Übertretungen wegen hingegeben
und unserer Rechtfertigung wegen
auferweckt worden ist.

Römer 4,18-25

In einer Umschreibung dieser Verse heißt es folgendermaßen:

Als alles hoffnungslos war,
glaubte Abraham trotzdem, indem er entschied,
nicht zu leben aufgrund dessen,
was er dem Augenschein nach
nicht schaffen konnte,
sondern aufgrund dessen,
was Gott tun würde. [...]
Er zweifelte nicht an Gottes Verheissungen
und stellte keine Fragen,
in denen Skepsis mitschwang.
Er warf sich vielmehr in die Verheissung
und tauchte gestärkt und bereit für Gott wieder auf,
indem er sicher war, dass Gott erfüllen würde,
was er gesagt hatte. [...]
Aber das gilt nicht nur für Abraham,
es gilt auch für uns! [...] Wir klammern uns
und glauben an den, der Jesus auferweckte,
als die Umstände ähnlich hoffnungslos aussahen.
Der hingeopferte Jesus machte uns passend
für Gott, versöhnte uns mit Gott.

Und wie steht es um dich?

Robin

Was wäre, wenn Gott schon den richtigen Mann für dich in Bereitschaft hätte, du aber emotional zu sehr mit der falschen Person beschäftigt wärest, um über deine augenblicklichen Gefühle hinauszublicken? Brich derartige emotionale Bindungen ab. Binde dein Herz an Gottes Herz. Übergib Christus alles, was du an Liebe für diesen anderen jungen Mann empfindest.

In Sprüche 31,10 steht: »Eine tüchtige Frau, wer wird sie finden?« Das scheint anzudeuten, dass der Mann die Initiative ergreifen und suchen soll. Komm aus dem Dschungel deiner gefühlsmäßigen Verstrickungen, in denen du an dem falschen Jungen hängst. Komm heraus und tritt ans Licht, damit dich jemand finden kann!

Tricia

Vielleicht hast du dein Herz schon verschenkt. Vielleicht hast du schon noch mehr verschenkt. Manchmal meinen wir nur zu wissen, was wir tun. Unser Herz sagt uns, was es am meisten begehrt, und wir erlauben unserem Geist und unserem Körper, dem zu folgen. Doch wenn du deine Entscheidungen verbergen musst, können sie dann gut sein?

Selbst wenn du dich völlig verschenkt hast, kannst du dich für einen Neuanfang entscheiden. Du brauchst den Weg nicht weiter bergab zu gehen. Heute kann dein Neuanfang beginnen.

Nur weil du von dem vollkommenen Plan Gottes für dein Leben abgewichen bist, brauchst du nicht zu meinen, dein ganzes Leben sei nun nur noch zweitklassig.

Von dem Augenblick an, da du dich Gott unterwirfst – ja, ***von dem Augenblick an*** wirst du das Beste von Gott erhalten: Dir wird vergeben, und du wirst rein.

Vielleicht hast du deinen Körper noch nicht verschenkt; aber was ist mit deinen Gefühlen? Haben sich deine Gedanken, Träume und Hoffnungen mit einem bestimmten jungen Mann verbunden, sodass du nun gefühlsmäßig gefangen bist? Die Befreiung kann heute beginnen. Du kannst mit der Heilung anfangen, die dich für deinen zukünftigen Ehemann vorbereitet.

Nimm dir jetzt gleich Zeit, darüber nachzudenken, auf welche Weise du dich in körperlicher, seelischer und gefühlsmäßiger Hinsicht auf ungesunde Beziehungen eingelassen hast. Bitte Gott, diese Fesseln zu durchbrechen. Selbst wenn du dein Handeln »richtig« fandest, denke daran, wie Jesus es betrachtet. Wie hat er es empfunden, dass du dich selbst jemandem völlig hingegeben hast, der nicht dein Ehemann war? Bitte Jesus um Vergebung für alles, womit du ihm wehgetan hast, indem du Dinge tatest, die außerhalb seines vollkommenen Plans und Willens waren.

Verbringe auch in den kommenden Tagen und Wochen Zeit mit dem Bibellesen und Beten. Bitte Jesus, dir zu zeigen, wie sehr er deine Seele liebt. Bitte ihn, dir zu helfen, diese Liebe dir so deutlich zu machen, wie du sie bisher nicht erfahren hast. Danke ihm für seine Vergebung und Wiederherstellung und wende dich zu ihm, wenn du dich auf ungute Weise zu den Jungen hingezogen fühlst.

Natürlich solltest du immer, wenn du für dich betest, auch für deinen zukünftigen Ehemann bitten.

Beten – aber wie?

Wie bete ich, dass mein zukünftiger Ehemann aufpasst, damit sein Umgang mit anderen nicht zu vertraulich wird?

- Bitte darum, dass er eine gesunde emotionale Intimität gegenüber den richtigen Leuten entwickelt, besonders gegenüber seinen eigenen Angehörigen.
- Bitte, dass er sein Engagement gegenüber anderen Frauen auf emotionaler, geistlicher und körperlicher Ebene unter Kontrolle hält.
- Bitte, dass er enge und gesunde Beziehungen zu seinen Freunden entwickelt.
- Bitte darum, dass er der Versuchung widersteht, sich körperlich an eine andere Person zu binden.
- Bitte für seine Augen, dass er sich von verführerischen Bildern abwendet. Männer sind so geartet, dass sie dem folgen, was ihre Augen sehen. Bitte, dass er seine Augen bewacht.
- Bitte dafür, dass Gott nach Grenzüberschreitungen im Herzen deines zukünftigen Ehemanns wirkt und anfängt, ihn zu heilen, während er ihn für dich vorbereitet.

Ich beschwöre euch,
Töchter Jerusalems,
bei den Gazellen
oder bei den Hirschen des Feldes,
dass ihr weder weckt
noch stört die Liebe,
bis es ihr gefällt[12]!

Hoheslied 3,5

Sie betete ... Gott antwortete

Ich betete für meinen Ehemann, als ich in einer der unteren Klassen der Highschool war. Ich bat darum, dass er rein bliebe und stark im Herrn werden würde. Dann heiratete ich, als ich dreiundzwanzig war, nachdem ich ungefähr zehn Jahre für ihn gebetet hatte. Meine Eltern beteten auch dafür.

Eine der schönsten Erinnerungen ist, dass mein Vater mit mir zum Traualtar ging und dabei mir zuflüsterte: »Da steht unsere Gebetserhörung!«

Mein Ehemann hat sich als genau das erwiesen.

– Becky

12 A. d. H.: In einigen Bibelübersetzungen findet sich hier die Wendung »... bis es ihm gefällt«.

Ein Gebet für ihn

Lieber Herr, ich bitte heute für meinen zukünftigen Ehemann. Ich bitte um seine Reinheit und darum, dass er sich zu Dir wendet, damit Du ihn rein erhältst. Oder – wenn er sich schon für etwas anderes entschieden hat – dass Du ihn bekehrst und ihn weiß wie Schnee machst.

Herr, ich weiß, dass unsere Gefühle leicht von anderen gefangen genommen werden, und genauso leicht ist es, unsere Körper zu umgarnen. Ich bitte, Du wollest bei meinem zukünftigen Ehemann Körper, Seele und Geist bewahren bis zu der Zeit, die Du für uns bestimmt hast, damit wir unser gesamtes Leben einander übergeben.

Und ich bitte Dich, wenn wir uns begegnen sollten, dass Du uns hilfst, in unserer Beziehung rein zu bleiben. Ich bitte Dich, dass wir nicht auf dem letzten Teilstück unseres Laufs aufeinander zu ins Straucheln geraten. Ich danke Dir, Gott, dass Du auf diese Weise für Reinheit sorgst. Das ist eine Gabe. Das ist Freiheit. Hilf meinem zukünftigen Ehemann, das auch so zu sehen. Amen.

Ein Gebet für mich

Herr Jesus, ich sehne mich danach, vertrauten Umgang mit einem Partner zu haben. Ich weiß das, weil meine Gefühle erregt werden, wenn ich Filme anschaue oder Bücher lese, in denen es um die Liebe geht. Ich bitte Dich, Du wollest mir helfen, dieses

Begehren nicht vor der Zeit zu wecken. Lehre mich, mein ganzes Gefühlsleben auf der Grundlage der Beziehung mit Dir zu sehen. Hilf mir, gute Entscheidungen zu treffen, die nicht nur meinen Körper, meine Seele und meinen Geist, sondern auch meine Wünsche beschützen.

Was alle anderen Bindungen angeht – seien sie körperlich oder emotional und sogar von einer falschen geistlichen Haltung geprägt –, bitte ich Dich, sie alle zu durchbrechen. Vergib mir, Herr Jesus, wo ich mich an andere Leute gewandt habe, während Du darauf gewartet hast, dass ich mich zu Dir wende.

Hilf mir, Herr, dass die Beziehungen zu meinen Familienangehörigen und meinen Freundinnen von Vertrautheit geprägt sind. Ich weiß, dass die Pflege guter Beziehungen mit anderen, die Du in mein Leben bringst, mir helfen wird, mit meinem zukünftigen Ehemann eine gute Beziehung zu unterhalten.

Endlich, Herr, hilf mir zu begreifen, dass Du der Sohn des Menschen bist. Du weißt, was es heißt, zu lieben, zu weinen, zu umarmen. Fülle mich mit Deiner Liebe. Amen.

DAS GEHEIMNIS EINER DAUERHAFTEN FREUNDSCHAFT
LIEGT DARIN, CHRISTUS DIE MITTE SEIN ZU LASSEN.
ER ERHÄLT, BEHERRSCHT UND HEILIGT DIE ZARTE,
GEGENSEITIGE LIEBE UND DAS GEGENSEITIGE VERTRAUEN,
WELCHES IN DEM MASS WACHSEN WIRD, WIE WIR DEM BILD
CHRISTI ÄHNLICHER WERDEN UND IN IHM BLEIBEN.
WENN ER DANN EINMAL IN HERRLICHKEIT WIEDERKOMMEN
WIRD, WAS WIRD ES DANN FÜR EINE FREUDE SEIN,

SICH DER FRÜHEN FREUNDSCHAFTEN ZU ERINNERN
UND DABEI JESUS – DIE QUELLE
UND STÜTZE DERSELBEN – ANZUSCHAUEN.[13]

Robert Cleaver Chapman

Meine Gedanken

über meinen zukünftigen Ehemann und mich als solche, deren Liebe von einem vertrauten Umgang miteinander geprägt ist

....

....

....

....

....

....

....

....

Diskussionsfragen

1. Was bedeutet es dir, dass du Jesus deinen Freund nennen darfst?

13 URL: https://www.evangeliums.net/zitate/robert_cleaver_chapman.htm (abgerufen am 24. 4. 2017).

2. Was bedeutet es dir, dass Jesus dir seine Freundschaft schenkt?

3. Wie würdest du wahre Intimität beschreiben?

4. Welche Aspekte der Beziehung machen Eheleute fähig, »voreinander nackt« zu sein, ohne sich zu schämen?

5. *Intimität* bedeutet, »aus der Deckung zu kommen« und das wahre Ich zu zeigen. Hast du manchmal Mühe, mit Gott eine solche Beziehung zu unterhalten? Wie könnte eine solch enge Beziehung mit Gott dich auf deinen zukünftigen Ehemann vorbereiten?

6. Welche Abmachungen hast du getroffen, um dich selbst bis zum Hochzeitstag zu schützen – auch deinen Körper und alles, was mit Intimität zu hat? Inwiefern würde das Beten dafür jetzt eine Veränderung bewirken?

7. Ist es für dich in Ordnung, wenn eine Braut in Weiß geht, die sich körperlich nicht »rein« erhalten hat? Warum? Oder warum nicht?

8. Was bedeutet es gefühlsmäßig, mit jemandem verlobt zu sein? Wenn du es bist, wie könntest du danach streben, in dieser Beziehung Reinheit zu bewahren?

9. Lies Hoheslied 3,5! Nenne Dinge, die »die Liebe vor der Zeit erwecken« könnten!

10. Wie können Reinheit und vertrauter Umgang miteinander Befreiung bringen?

11. Auf welche sichtbaren Weisen hast du dich darauf eingelassen, gesunde Beziehungen mit anderen aufzubauen und dein wahres Ich einzubringen, während du dich auf das Leben mit deinem zukünftigen Ehemann vorbereitest?

11

Bitte um die richtige »Wunschliste«

BLICKE NICHT AUF SEIN AUSSEHEN
UND AUF DIE HÖHE SEINES WUCHSES,
DENN ICH HABE IHN VERWORFEN;
DENN DER HERR SIEHT NICHT AUF DAS,
WORAUF DER MENSCH SIEHT;
DENN DER MENSCH SIEHT AUF DAS ÄUSSERE,
ABER DER HERR SIEHT AUF DAS HERZ.

1. Samuel 16,7

Robin

Wir machen weiter. Sei aber ehrlich: Hast du eine Wunschliste?

Du kannst dir denken, von welcher Liste wir hier reden: von der Wunschliste, die alle deine Präferenzen für »Mr. Wunderbar« aufzählt. Einige Frauen zählen dabei bis zu Größe, Gewicht und Augenfarbe alles auf. Andere Frauen haben eine kurze Liste, die sich wie eine Kleinanzeige liest und nur das Wichtigste enthält: »Muss ein Christ sein und mich lieben!« Das halten sie für eine großartige Ausgangsbasis. Sie wollen alle weiteren Entscheidungen Gott überlassen.

Eine Frau sagte mir, sie würde noch immer etwas zu ihrer Liste hinzufügen und habe bis jetzt neun Seiten voller Einzelheiten, einschließlich des Musikinstruments, das er spielen soll und in welchem Monat er geboren sein muss. Einfach toll!

Wenn du auch eine Liste anlegen willst, dann sei fair und bleibe realistisch. Was hieltest du davon, wenn dein zukünftiger Ehemann gerade jetzt auch neun Seiten voller Bedingungen für dich zusammenstellte? Dein Geburtsdatum kannst du einfach nicht umändern.

Eine Freundin schickte mir nach der schmerzlichen Trennung von einem Mann, den sie wirklich gernhatte, eine Nachricht. Sie machte sich über die von ihr selbst während ihrer Highschool-Zeit aufgestellte Liste lustig. So sagte sie jetzt, dass sie die Liste verkürzt hätte, nachdem sie älter geworden sei und angesichts der Herausforderungen in Sachen Beziehungen mehr Erfahrungen gemacht habe:

1. Er muss noch atmen.
2. Er darf nicht zu blöd sein.
3. Er muss Englisch sprechen.
4. Punkt 3 ist nicht Bedingung.

Wie wäre es, wenn wir uns die Liste einmal ansehen würden, die Gott uns als Hilfe gab, um wahre Liebe zu erkennen?

DIE LIEBE IST LANGMÜTIG, IST GÜTIG;
DIE LIEBE NEIDET NICHT, DIE LIEBE TUT NICHT GROSS,

SIE BLÄHT SICH NICHT AUF,
SIE GEBÄRDET SICH NICHT UNANSTÄNDIG,
SIE SUCHT NICHT DAS IHRE,
SIE LÄSST SICH NICHT ERBITTERN,
SIE RECHNET DAS BÖSE NICHT ZU,
SIE FREUT SICH NICHT ÜBER DIE UNGERECHTIGKEIT,
SONDERN SIE FREUT SICH MIT DER WAHRHEIT,
SIE ERTRÄGT ALLES, SIE GLAUBT ALLES,
SIE HOFFT ALLES, SIE ERDULDET ALLES.

1. Korinther 13,4-7

Als ich Anfang zwanzig war, fand ich ein Gedicht, das eine Frau geschrieben hatte, die ungefähr in meinem Alter war. Ihre als Gedicht verfasste Liste veränderte meine Ansicht über die Art von Eigenschaften, die ich wertschätzen wollte, als ich meine eigene Liste dem Herrn als meine von Herzen kommende Bitte vorlegte. Diese junge Frau bat Gott um mehrere, ganz spezielle Charakterqualitäten. Ja und? Hat Gott ihr mit entsprechenden spezifischen Qualifikationen des Mannes geantwortet, den sie heiratete?

Hier ist das Gedicht. Ich glaube, du verstehst, was ich meine:

O Herr, ich bitt Dich ohne Furcht

O Herr, ich bitt Dich ohne Furcht
(wie ich's oft leider tu):
Ich brauche keinen schönen Mann,
nur dass er sei wie Du!

Er braucht nicht mächtig stark zu sein,
frag nicht nach groß und klein.
Ich brauche keinen Genius,
auch reich muss er nicht sein.
Doch gib ihm einen hohen Sinn,
und dass sein Blick ganz rein und frei,
dass er stets aufrecht vor Dir steht –
wes Standes er auch immer sei.
Gib, dass sein Antlitz Stärke zeigt
und seiner Seelen Mut,
durch den sein ganzes Leben er
nur Deinen Willen tut,
dass – wenn er kommt (wenn er denn kommt)
und er dann strahlend vor mir steht –
ich froh erkenn: Das ist der Mann,
den ich so lang erfleht.[14]

Bist du neugierig zu wissen, wer dieses Gedicht geschrieben hat? Die Autorin heißt Ruth Bell. Sie stellte diese poetische Liste im Jahr 1939 auf, als sie 19 Jahre alt war. Am 13. August 1943 heiratete Ruth Gottes Antwort auf ihr Gebet, und die hieß Billy Graham. Dieser bekannte Evangelist, der Gott wirklich liebte, zeigte ein Leben lang »seiner Seelen Mut«. Sein Gesicht deutete tatsäch-

14 Das Original findet sich in: ***Sitting by My Laughing Fire***, von Ruth Bell Graham, © 1977 The Ruth Graham Literary Trust, mit freundlicher Genehmigung, alle Rechte vorbehalten. A. d. H.: Die Übertragung ins Deutsche geht auf Hermann Grabe (Meinerzhagen) zurück.

lich auf innere Stärke hin, und seine Augen strahlten, während er versuchte, nur Gottes Willen zu tun! Ruth zählte diese Besonderheiten auf, bevor sie Billy jemals gesehen hatte.

Als ich Ruths Gedicht las, beeindruckte mich besonders eines daran: Sie war nur an den inneren Qualitäten des Mannes interessiert, um den sie bat, Gott möge ihn in ihr Leben bringen. Wir heiraten nicht nur das äußere Erscheinungsbild eines Mannes. Wie meine Schwester mir schon vor Jahren sagte, heiraten wir das Herz.

Wenn du den verborgensten und sehr verletzlichen Teil deines Selbst mit einem Mann in der Ehe verbindest, dann heiratest du auch sein wahres Selbst. Es ist nur eine Frage der Zeit, bis dieses wahre Selbst bei beiden Partnern zum Vorschein kommt. Wenn du krank bist oder sonst wie von deinem Partner abhängig wirst, ist es weit wichtiger, dass er ein Mann ist, der Mitleid hat, als dass er große Fähigkeiten besitzt.

Neige, mein Gott, dein Ohr und höre! […]
Denn nicht um unserer Gerechtigkeiten willen
legen wir unser Flehen vor dir nieder,
sondern um deiner vielen Erbarmungen willen.

Daniel 9,18

Tricia

Ich kann mich nicht erinnern, jemals eine Liste aufgestellt zu haben, seit mein Interesse an Jungen erwachte. Vielleicht hätte es mir geholfen, wenn ich es getan hätte. Wenn ich über die Jungen nachdenke, mit denen ich an der Highschool flirtete, dann gefielen mir großgewachsene mit blauen Augen besonders gut. Das waren meist sportliche Typen, und ich hatte den Eindruck, dass sie nie Probleme damit hatten, Freundinnen zu finden. Ich meinte, das »Kämpfen um deinen Mann« gehöre zum Geschäft. Jetzt sehe ich, wie viel Jammer und Elend das einbrachte und mit wie viel Kummer und Unsicherheiten das einherging.

Wenn ich überhaupt eine Liste aufgestellt habe, dann die von meinen persönlichen Eigenschaften, die mir das Gefühl gaben, »nie gut genug« zu sein. Ich fühlte mich immer im Nachteil gegenüber meinen Freundinnen mit ihren »Idealmaßen«; meine Zähne waren krumm gewachsen, meine Kleidung war nicht modisch genug, und ich war eher schüchtern als mutig. Diese Liste habe ich natürlich auch nicht aufgeschrieben; aber ich trug sie immer mit mir herum – in meinem Sinn, in meinem Herzen.

Später (sogar noch, als ich Jesus mein Herz übergeben hatte) war ich besorgt. Erstens, weil ich schwanger war, was ja wohl eine riesige Abschreckung für potenzielle Freunde ist, oder? Danach fürchtete ich den »Babyspeck« und die Schwangerschaftsstreifen. Als junge Christin hatte ich mit meinem Temperament und mit meinen Angewohnheiten zu kämpfen, auch wusste ich wenig über die Bibel. Und wieder ging ich in Gedanken eine Liste meiner Unzulänglichkeiten durch, sooft ich in den Spiegel schaute oder eine Dummheit gesagt hatte.

Als ich John traf, merkte ich, dass er anders war als die Jungen, mit denen ich vorher ausgegangen war. Er war groß, aber nicht athletisch. Er hatte braune Augen, und er prahlte nicht arrogant herum, als sei er besser als alle anderen. Das mochte ich gern. Vor allem aber gefiel mir sein Herz: Es war geduldig, freundlich, vergebungsbereit, voll Vertrauen und nicht selbstsüchtig. Er war eben alles, was ich an einem Ehemann suchte. Es waren aber alles Dinge, auf die ich früher nie gekommen war, sie zu suchen.

Im Lauf der Jahre lernte ich weitere Qualitäten an John immer mehr zu schätzen:

- Er liebt Kinder.
- Er hat große Liebe zu Gottes Wort.
- Er ist ein fleißiger Arbeiter.
- Er hat großartige Führungseigenschaften.
- Er hält, was er versprochen hat.

Und meine Liste? Ich bin immer noch nicht so weit, wie ich gern wäre. Immer noch möchte ich bessere Kleider haben und mutiger auftreten können; aber all das ist mir nicht mehr so wichtig. Es ist erstaunlich, wie dein Selbstbewusstsein wächst, wenn du siehst, wie sich deine Liebe in den Blicken eines anderen widerspiegelt.

Bitte darum,
dass dein zukünftiger Ehemann dich für das heiratet, was er in deinem Herzen entdeckt

Auch Gott bin ich im Lauf der Jahre näher gekommen, und ich erkenne immer mehr, dass Gott mich zu einem bestimmten Zweck so geschaffen hat, wie ich bin. Und weil Gott keine Fehler macht, bin auch ich kein »Fehler«.

Dadurch ist dies zu ***der Liste*** geworden, an der ich hänge, und sie kommt direkt aus Gottes Herzen:

1. »Mit ewiger Liebe habe ich dich geliebt; darum habe ich dich zu mir gezogen aus lauter Gnade« (Jeremia 31,3; Schlachter 2000).
2. »Fürchte dich nicht, denn ich habe dich erlöst; ich habe dich bei deinem Namen gerufen, du bist mein« (Jesaja 43,1).
3. »Wenn du durchs Wasser gehst, ich bin bei dir, und durch Ströme, sie werden dich nicht überfluten; wenn du durchs Feuer gehst, wirst du nicht versengt werden, und die Flamme wird dich nicht verbrennen« (Jesaja 43,2).

Nachdem ich mich so lange nicht um Gottes Wort gekümmert hatte, fing ich schließlich an, mich in die Heilige Schrift zu vertiefen, und jetzt verstehe ich, wie viel Gott an mir liegt. Tatsächlich ist Zephanja 3,17 mein Lieblingsvers:

Der HERR, dein Gott, ist in deiner Mitte,
ein rettender Held. Er freut sich über dich mit Wonne,
er schweigt in seiner Liebe,
frohlockt über dich mit Jubel.

Wenn Gottes Liste so aussieht, wie kann ich dann mit mir unzufrieden sein? Zu verstehen, wie intensiv Gott mich liebt, hilft mir auch, besser zu begreifen, welche hohe Gabe John für mich ist. Obwohl John nicht vollkommen ist, wusste Gott, was ich brauche. Er wusste, dass John mich ergänzen und an meiner Seite mithelfen würde, das Werk zu tun, zu dem er uns gemeinsam geschaffen hat.

Diese Liste handelt allerdings nicht nur von den Dingen, die dich glücklich machen, oder davon, wer gut zu dir als Partner passen würde. Gottes Liste, nach der er deinen zukünftigen Ehemann gebildet hat, diente auch dazu, die Hälfte für dich zu erschaffen, damit ihr gemeinsam ein Ganzes bildet.

Er erschuf jemanden, wobei er dich im Blick hatte.

Kennst du die Redewendung »Gegensätze ziehen sich an«? Das ist aber nur die erste Hälfte. Zwei unterschiedliche Leute mit ihren einzigartigen Merkmalen ziehen sich nicht nur an, sie vervollständigen sich auch.

Fürchte dich nicht, eine Liste aufzustellen; nur sei dafür offen, sie von Zeit zu Zeit zu ändern. Deine Vorstellung von »Mr. Wunderbar« wird sich ***bestimmt*** ändern, so wie Gott dich verändert und umgestaltet.

Und wie steht es um dich?

Hast du eine Liste? Bezieht sich deine Liste mehr auf äußerliche Merkmale, die du gern an deinem zukünftigen Ehemann sehen möchtest, oder geht es darin mehr um charakterliche Qualitäten?

Wenn dein zukünftiger Ehemann heute eine Liste aufstellen würde von Qualitäten, die er gern bei seiner zukünftigen Frau sähe, welche davon entsprächen bereits den Qualitäten, die in deinem Leben jetzt zu finden sind?

Hier folgt eine Liste charakterlicher Qualitäten. Gehe sie durch und mache einen Kreis um die zehn wichtigsten, die du bei deinem zukünftigen Ehemann schätzen würdest. Wenn du das gemacht hast, sieh dir die Liste noch einmal an. Für welche möchtest du Gott bitten, dass er ***dir*** dazu verhilft? Markiere die mit einem Sternchen.

Und denke daran: keine Neun-Seiten-Liste! Alle diese Charaktereigenschaften sind wünschenswert; aber welche sind für dich die wichtigsten?

- ein guter Zuhörer
- eine Person, die auf Leute zugeht
- aufmerksam
- mutig
- vorsichtig – trifft keine übereilten Entscheidungen
- mitleidsvoll
- lebt nach Gottes Maßstäben, nicht nach denen der Welt
- zufrieden
- kreativ
- entschlossen
- entschieden
- eifrig
- auf den Himmel konzentriert
- demütig
- fröhlich und dankbar
- liebevoll
- treu
- gehorsam
- ordentlich
- geduldig
- geduldig auf Gottes Zeit wartend
- pünktlich
- rein
- hilfsbereit
- verantwortungsbewusst
- ehrfürchtig
- verlässlich

- einsichtsvoll
- tut das Rechte, ahmt Christus nach
- macht anderen Mut
- genießt die Familie
- begeisterungsfähig
- glaubensvoll
- flexibel
- vergebungsbereit
- freundlich
- Sinn für Humor
- Ausdauer
- sucht die Weisheit Gottes
- zuverlässig
- sucht Gerechtigkeit
- Selbstbeherrschung
- einfühlsam
- aufrichtig
- gründlich und gewissenhaft
- nachdenklich
- sparsam
- ehrlich
- weise
- arbeitet für den Herrn und nicht, um Menschen zu gefallen

**Fordere dir ein Zeichen
von dem HERRN, deinem Gott;
fordere es in der Tiefe oder oben in der Höhe.**

Jesaja 7,11

Beten – aber wie?

Wie bete ich um starke Charakterqualitäten für meinen zukünftigen Ehemann?

- Bitte darum, dass er innerlich motiviert wird, das Rechte zu tun.

- Bitte, dass er Gott mit seinem ganzen Herzen sucht.
- Bitte darum, dass er Gott in allen Lebenslagen mit Vertrauen und Glauben begegnet.
- Bitte darum, dass er in schwierigen Situationen weise handelt.
- Bitte darum, dass er immer tun will, was recht ist, auch wenn niemand hinschaut.

Sie betete ... Gott antwortete

Ich hatte tatsächlich eine Liste von all dem angefertigt, was ich für einen Ehemann wünschte ... nach Gottes Maßstäben lebend, humorvoll, freundlich usw. (Es war wirklich eine lange Liste, und sie ging ziemlich in die Details, auch bei Kleinigkeiten.) Ich betete während der ganzen College-Zeit für ihn – wer es auch sein mochte – um Glaubensstärke und Bewahrung vor übereilten Entscheidungen, die ihm danach leidtun würden. Dann gab ich die ganze Liste auf; denn ich sah keine Möglichkeit für Gott, sie zu erfüllen, weil ich zu wählerisch war.

Trotzdem war ich sprachlos, als mein Mann und ich schließlich zusammenkamen. Da stellte sich heraus, dass er nicht nur allen meinen wesentlichen Anforderungen entsprach, sondern auch den ausgesuchtesten, und noch einer Vielzahl anderer, an die ich gar nicht gedacht hatte, darum zu bitten! Es war mir überwältigend klar, dass dies der eine war, und ich mich nicht täuschen konnte. Diese klare Erkenntnis hat geholfen, mich durch solche Tage zu tragen, wenn die Gefühle nicht ausreichten.

– Melissa

Ich bat Gott, mir »einen Mann nach seinem Herzen« zu geben. Später erfuhr ich, dass mein Vater genau dasselbe bat; und ja, Gott schickte mir einen solchen Mann.

– Trina

Ein Gebet für ihn

Lieber Herr, ich weiß, dass niemand vollkommen ist, und ich bitte auch nicht darum. Stattdessen bitte ich Dich um Bereitwilligkeit für meinen zukünftigen Ehemann, dass er immer bereit ist, Dich zu erkennen, seine Fehler einzusehen und sich zu ändern.

Ich weiß, dass niemand immer liebevoll ist, Herr; aber ich bitte Dich, dass mein zukünftiger Ehemann danach strebt, mehr für andere als für sich selbst zu sorgen, und dass er Dich von ganzem Herzen liebt.

Ich bitte Dich, Menschen in das Leben meines zukünftigen Ehemanns zu bringen, die ihm ein Vorbild für gute Charaktereigenschaften sind. Ich bitte um Leute, die ihn ermutigen, charakterlich zu wachsen. Ich bitte um solche, die ihn auf Mängel aufmerksam machen und ihn dann liebevoll auf einen besseren Weg bringen.

Ich danke Dir, dass der Mann, den Du zu meinem Ehemann bestimmt hast, nicht genauso ist wie ich, sondern so, dass er mich ergänzt. Ich danke Dir, dass Du meine Persönlichkeit und meinen Charakter ausgewählt hast, damit beide sich mit seinen Eigenarten und Charakterzügen verbinden – und bringe uns beide bis dahin voran. In Jesu Namen. Amen.

Ein Gebet für mich

Lieber Herr, wenn ich auf all die charakterlichen Qualitäten blicke, die ich für meinen zukünftigen Ehemann erhoffe, ist mir klar, dass ich noch einen langen Weg zu gehen habe. Ich danke Dir, Herr, dass Du von mir nicht über Nacht in all diesen Dingen »Spitzenleistungen« erwartest. Ich danke Dir, dass Du stattdessen bei mir und in mir bist und mir hilfst. Ich weiß, Herr Jesus: Je mehr ich zu Dir komme und bete und Dich suche, desto mehr erfüllst Du mein Herz und nimmst alles Böse fort. Es geht ja nicht darum, dass ich all diese Dinge erarbeite, sondern vielmehr darum, dass mein Herz immer mehr von Dir erfüllt wird und ich Dir erlaube, durch mich zu wirken. Dafür danke ich Dir herzlich!

Herr, ich habe eine Liste in meinem Kopf; aber ich bitte Dich, diese Liste nach Deinem Willen zu ändern. Ich weiß auch, dass es Stellen gibt, an denen ich versage, und ich bitte Dich, mir zu helfen, dass ich mich selbst durch Deine heiligen, aber liebenden Augen sehe.

Manchmal fürchte ich, dass ich zu viel für meinen zukünftigen Ehemann erbitte, weil ich nicht enttäuscht werden möchte. Ich übergebe Dir meine Erwartungen. Und ich möchte treu sein im Gebet und den Rest Deinen Händen überlassen.

In Jesu Namen. Amen.

Der HERR erfülle alle deine Bitten!

Psalm 20,6

Meine Gedanken

über meinen zukünftigen Ehemann und mich, wie wir starke Charakterqualitäten entwickeln

....

....

....

....

....

....

....

Diskussionsfragen

1. Hast du die Liste von Eigenschaften für deinen zukünftigen Ehemann aufgeschrieben, oder ist sie nur in deinem Kopf? Nenne einiges daraus.

2. Inwiefern sind wir eventuell nicht fair, wenn wir solche Listen erstellen?

3. Was ist für dich das Wichtigste in Gottes Liste in 1. Korinther 13?

4. Welche Zeile in Ruth Bell Grahams Gedicht gefällt dir am besten? Warum?

5. Hast du eine Liste, die darüber Auskunft gibt, wie du sein solltest?

6. Fällt es dir oft schwer zu glauben, dass Gott an dir Gefallen hat? Warum oder warum nicht?

7. Stimmst du dem Spruch »Gegensätze ziehen sich an« zu? Warum oder warum nicht?

8. Oft umgeben wir uns mit Leuten, die so sind wie wir. Auf welche Weise könnte Gott die Unterschiede deines zukünftigen Ehemanns benutzen, um dich charakterlich voranzubringen?

9. Bist du bereit, eine Liste mit Verhaltensweisen aufzustellen, die du ändern kannst, um dich für deinen zukünftigen Ehemann vorzubereiten?

12

Bitte um Zufriedenheit

DIE GOTTSELIGKEIT MIT GENÜGSAMKEIT ...
IST EIN GROSSER GEWINN.

1. Timotheus 6,6

Robin

Vor 15 Jahren stand ich an einem windigen Septembernachmittag als strahlende Brautjungfer in einem prächtigen südkalifornischen Rosengarten. Die wunderschöne Braut ging voran und traf unter einem weißen Gitterbogen mit ihrem Bräutigam zusammen, wo sie sich an den Händen hielten und vor Gott und dem Kreis der andächtig zuhörenden Angehörigen und Freunde ihr Treuegelöbnis ablegten. Meine liebe Freundin hatte bis in ihre Vierziger auf diesen besonderen Augenblick gewartet. Nun, da der lange erbetene Tag gekommen war, zeigte sich, dass dieser Mann ganz gewiss das Warten wert gewesen war.

Wie hatte Katherine jene Jahrzehnte des Alleinseins zugebracht? Sie hatte ***gelebt***. Katherine hatte nicht herumgesessen und darauf gewartet, dass ein Ehemann auftauchte. Vielmehr hatte sie ein Heim aufgebaut und interessante Orte aufgesucht, die sie immer schon mal sehen wollte. Sie ließ ihr persönliches Leben nicht verkümmern, sie erschloss ihm neue Bereiche. Eines der Gebiete, für dessen Ausweitung sie sich entschied, war die gesteigerte Aktivität in einer gemeindlichen Single-Gruppe. Katherine half, die Gruppe aufzubauen und Begegnungen und Ausflüge zu organisieren. Die Gruppe begann zu wachsen, als mehr erwachsene Singles begriffen, dass ihre Gemeinde ein Ort war, an dem man sich wohlfühlen konnte.

Als sie mich anrief und mir von einem gewissen interessanten und hübschen Mann berichtete, den sie in der Single-Gruppe gefunden hatte, konnte ich mir vorstellen, wie unwiderstehlich sie für ihn gewesen sein musste. Das Leben, das sie allein bewältigt hatte, war voller Schönheit und wirklicher Zufriedenheit. Sie unterschied sich deutlich von mehreren anderen Frauen, die zu den Gruppentreffen kamen und durch ihren Gesichtsausdruck und ihr Verhalten signalisierten: »Geh bloß weiter! Du traust dich ja doch nicht, nett zu mir zu sein!« Das sind solche, die man schon mal sagen hört: »Es gibt einfach nirgendwo gute Männer für Frauen wie uns.«

Zufriedenheit spricht für sich. Nichts verbessert dein Aussehen mehr, hellt dein Gemüt nachhaltiger auf und ist eine wirkungsvollere Arznei gegen Liebeskummer als Zufriedenheit.

Habe ich meine Seele nicht beschwichtigt und still gemacht?

EIN ENTWÖHNTES KIND BEI SEINER MUTTER,
WIE DAS ENTWÖHNTE KIND
IST MEINE SEELE IN MIR.

Psalm 131,2

Als wir fünf Monate verheiratet waren, verlor Ross etwas, was ihm sehr viel bedeutete. Sein TR6, ein Cabriolet, wurde mitten in der Nacht aus dem offenen Carport bei unserer Wohnung gestohlen. Er hatte die Oldtimer-Schönheit einige Monate, bevor wir ernsthaft miteinander gingen, gekauft und viele Stunden mit dem Auswechseln einzelner Teile bzw. dem Einstellen des Motors verbracht, bis das kleine Schmuckstück richtig schnurrte. Das erste Geschenk, das er mir machte, war ein Hut, damit sich bei aufgeklapptem Verdeck meine langen Haare nicht im Fahrtwind verknoteten.

Wir beide liebten das Auto. Am liebsten sprangen wir armen Jungverheirateten kurz vor Sonnenuntergang in den TR6 und sausten den Pacific Coast Highway entlang. Das waren die billigsten Ausflüge für uns.

Der Polizeibeamte, der nach dem Diebstahl das Protokoll aufnahm, sagte uns, dass ein seltenes Fahrzeug wie das von Ross vier- bis zehnmal so viel wert sei wie dessen Einzelteile. Die Chance, unseren kleinen braunen TR6 wiederzubekommen, war gleich null.

Als der Schock allmählich abklang und wir begriffen, was wir von der Versicherung zu erwarten hätten, fragte ich Ross, ob er versuchen würde, einen anderen TR6 zu finden, um ihn ebenfalls herzurichten. Ich wusste ja, wie viel Spaß ihm dieses Auto bereitet hatte.

»Nein, wir brauchen ein verlässlicheres Auto.« Er erinnerte mich daran, dass der alte VW, den ich von meinem Schwager für vierhundert Dollar gekauft hatte, jedes Mal keuchte und fauchte, wenn ich ihn zu »überreden« suchte, schneller als 65 km/h zu fahren. »Aber du mochtest den kleinen TR6 doch so gern! Ihn in Gang zu bringen, war dein Hobby. Er gehörte doch einfach zu deinem Leben dazu. Ich kann mir gar nicht vorstellen, wie du ohne ein solches Auto auskommst.«

Darauf sagte Ross etwas, was ihn mir noch liebenswerter gemacht hätte, wenn das möglich gewesen wäre: »Ich habe dich, und ich habe Jesus. Ich bin zufrieden.«

Im Lauf der Jahre habe ich immer wieder überlegt, wie anders unser Eheleben ausgesehen hätte, wenn er nicht damit zufrieden gewesen wäre, dem TR6 »Lebewohl!« zu sagen. Wir hätten leicht Tausende von Dollar ausgeben können, um das Auto zu ersetzen, es am Laufen zu halten, es sicher zu verwahren und zu versichern. Dieses Auto war ein Luxusgegenstand, und kein Ding darf jemals so wichtig für unser Leben werden, dass wir nur froh sein können, wenn wir es besitzen.

Als Ross mir sagte, er sei zufrieden, fühlte ich mich auf einer viel bedeutsameren Ebene auch als Ehefrau sicher. Ich konnte glauben, dass mein Mann damit zufrieden war, mich als seine Frau zu haben. Er würde sich niemals klammheimlich nach einer anderen umschauen. Er war mit dem zufrieden, was Gott ihm gegeben hatte.

Bitte darum,
dass dein zukünftiger Ehemann zufrieden sein wird

Jede Ehe geht durch Zeiten von Verlust und Gewinn. Jedes Paar muss schwierige Entscheidungen fällen, wie und wo begrenzte finanzielle Mittel verwendet werden. Zufriedenheit in allen Lagen erlaubt es, flexibel zu sein. Zufriedenheit eröffnet neue Möglichkeiten. Zufriedenheit bringt Frieden.

Ich habe gelernt, worin ich bin, mich zu begnügen.
Ich weiss sowohl erniedrigt zu sein,
als ich weiss Überfluss zu haben;
in jedem und in allem bin ich unterwiesen,
sowohl satt zu sein als zu hungern,
sowohl Überfluss zu haben als Mangel zu leiden.
Alles vermag ich in dem, der mich kräftigt.

Philipper 4,11-13

Tricia

Vor Kurzem mussten wir von einem Bundesstaat in einen anderen umziehen. John freute sich, dass er eine neue Arbeit anfangen konnte. Ich freute mich für ihn, war aber auch traurig, alte Freunde verlassen zu müssen. Auf die wunderbare Weise, wie Gott eben wirkt, gab er mir ganz in der Nähe unserer neuen Wohnung eine neue Freundin: Michelle.

In den wenigen Monaten, in denen ich sie kennenlernte, hat Michelle mit mir eine Studienreise unternommen und ist zu einer Vertrauensperson geworden, mit der ich geistliche Dinge besprechen kann. Sie hat sich zu einer echten Kameradin entwickelt, mit der ich auch Fitnessübungen mache. Ja, noch mehr: Sie hört zu und kümmert sich um alles.

Michelle ist in den Dreißigern, sieht prächtig aus und ist ledig. Ich kann mir einfach nicht erklären, warum nicht irgendein Mann sie längst »weggeschnappt« hat. Obwohl Michelle sehr gern verheiratet wäre und eine Familie hätte, sitzt sie nicht herum, um die Tatsache zu beklagen, dass es bisher noch nicht geklappt hat. Michelle betreut eine Gruppe von Mädchen und arbeitet mit zehn Teenie-Müttern zusammen. Sie ist beim Rundfunk tätig und trägt auf diese Weise dazu bei, christliche Sendungen in alle Welt auszustrahlen. Sie verulkt manchmal ihre Freundinnen, macht vierzig Kilometer lange Radtouren und reist durchs Land.

Michelle klickt nicht jeden Abend im Internet Websites für Singles an. Sie ist bereit, sich mit Unbekannten zu verabreden, schleicht aber nicht in der Stadt hinter Männern her.

Als ich sie darüber befragte, sagte sie dies:

> Ich bin ein ledige Dreißigerin, und habe mein Ledig-Sein im Spaß immer meiner Mutter angelastet, weil sie nicht für meinen künftigen Ehemann gebetet hätte. Dann – es ist schon eine Weile her – haben die Worte einer Freundin mich überzeugt. Sie sagte, ich sollte dafür beten. So begann ich, für meinen zukünftigen Ehemann zu beten, dass die Liebe zu Gott ihn erfüllen und Gott seine Freude sein möge. Ich bat Gott, ihn mit Kraft und Weisheit zu erfüllen, damit er ein Mann mit Führungsqualitäten werden könnte. Ich betete im-

mer weiter und dachte, Gott werde mit einem Knall meine Herzenssehnsucht erfüllen.

Du siehst, ich wollte nicht länger allein sein; ich wünschte jemanden, der mich hält, jemanden, mit dem ich lachen kann, jemanden zum Träumen, jemanden, der mir sagt, ich sähe wunderbar aus (selbst mit einer schrecklichen Frisur), jemanden, mit dem ich das Leben meistere, jemanden, der mein Geld in Ordnung hält. Was aber tatsächlich geschah, war dies: Gott stillte das ach so tiefe Verlangen und half mir, mit meinen Sehnsüchten so umzugehen, dass ich nicht von dem aufgezehrt wurde, was ich nicht hatte.

Im letzten Jahr ging ich länger als gewöhnlich durch ein Tal dieser intensiven Sehnsucht, verheiratet zu sein. Da bat ich Gott, dass er meine Seele beglücken möge. Ich bat ihn, er möge es doch sein, mit dem ich lachen könnte, derjenige, der mich wertschätzt, derjenige, mit dem ich meine tiefsten Gedanken teilen kann, derjenige, der meinen Geist Stunde um Stunde erfüllt, derjenige, dem ich mit Selbstaufopferung den Rest meines Lebens diene.

Auf welche Reise hat Gott mich mitgenommen! Nein, mein intensives Verlangen nach einem Ehemann hat Gott mir nicht sofort genommen. Es dauerte einige Zeit, bis Gott jede leere Stelle meines Lebens ausfüllte; aber er tat es. Ich musste lernen, dass es nicht um mich und mein Timing und um meine Wünsche oder Sehnsüchte geht (selbst wenn daran nichts auszusetzen ist). In meinem Leben, ob als Ledige oder Verheiratete, geht es um ihn und darum, wie ich sein Wesen an jedem neuen Tag widerspiegle.

Verstehe mich nicht falsch. Ich kämpfe immer noch mit dem Wunsch, vieles von dem zu haben, was meine Freundinnen besitzen: den weiß gestrichenen Zaun, die Garage für zwei Autos, eine Reihe von Autositzen hinten in einem mittelgroßen Geländewagen (weil ich fest entschlossen bin, niemals einen Minivan zu kaufen). Viele erzählen, der von Gott geschickte Mann würde geradewegs um die Ecke biegen und bei ihnen anklopfen, nachdem sie ihr Leben endlich der Herrschaft Gottes unterstellt hätten. Aber glaube dieser Lüge nicht! Man hat nicht einem speziellen Rezept zu folgen. Es geht nicht darum: Bete so und so lange und liefere dich Gott genügend aus, dann bekommst du einen Mann. Unsinn! So macht Gott das nicht. Er beantwortet Gebete mit dem, was ihm die meiste Ehre bringt. Mein Ledig-Sein mag ihm mehr Ehre bringen als ein Leben mit einem Ehemann und drei Kindern.

Ich möchte wirklich eines Tages heiraten ... aber bis dahin bin ich frei, Gott auf vielfache Weise zu dienen, so viel Zeit, wie ich will, mit ihm zu verbringen, für einen künftigen Ehemann zu beten und – als Bonus – ganz allein zu entscheiden, wie ich meine freien Abende gestalten will.

Und wie steht es um dich?

Findest du auch Wege, um ein ganz erfülltes Leben zu führen, anstatt auf einen Ehemann zu warten, der erst vorbeikommen muss, damit das Abenteuer deines Lebens richtig anfangen kann? Wenn du durch raue Zeiten gehst – wenn z. B. dein Beruf und liebe Menschen dir genommen werden –, lernst du dann, wie der Apostel Paulus zu sagen, dass du in allen Lagen zufrieden bist (siehe Philipper 4,12)? Bist du bereit zu warten? Wenn du ***weißt***, dass Gottes BESTES für dich das Warten ist, bis du fünfundzwanzig, dreißig, vierzig bist – oder wenn das Erhoffte nie kommt –, willst du ihm dann vertrauen? Bist du bereit, das Leben zu führen, zu dem dich Gott berufen hat? Bist du bereit, ihn denjenigen sein zu lassen, der deine Seele liebt?

Worum geht es?

Beim Warten geht es darum,
sich zu freuen,
Gott zu lieben und anzubeten
durch alles, was du tust –
einschließlich des Wartens.
Und beim Warten
denke daran, wie er ist,
dass er der Geber aller vollkommenen Gaben ist,
dass er dich mit seinen Schätzen überschütten will,
mit Schätzen, die das Warten wert sind,

allein schon deshalb, weil es seine Schätze sind.
Ruhe in ihm:
Er wird dir immer
genau das geben, was du brauchst,
und genau zu der Zeit, da du es brauchst.
Das ist Grund genug zum Lächeln,
das ist Grund genug, durchzuatmen
und in ihm zu ruhen.
Lass das »Wenn« und »Aber« fahren,
weil seine Wege
so viel höher als die deinen sind,
und seine Gedanken
übersteigen alles, was du zu ergründen vermagst,
weil er dich liebt.
Oh, und wie er dich liebt!
Und darum geht es
in deiner gesamten Existenz:
Du sollst seine Gegenwart erfahren,
seine Liebe –
jeden Augenblick,
besonders beim Warten!

– Josiah Schwartz

Sie betete … Gott antwortete

Ledig zu sein, ist nicht leicht, besonders dann, wenn man immerzu hört: Wenn du bereit bist, wenn du geistlich oder schlank genug bist oder wenn du dich gefühlsmäßig besser in der Gewalt hast, dann wird Gott dir einen Ehemann vorbeibringen. Aber all das bedeutet: Du bist nicht »genug«. Für mich gingen Jahrzehnte vorüber, und ich hatte jedes erdenkliche Gebet wegen einer Heirat gesprochen.

Und doch tauchte nie ein Ehemann auf. Das Gefühl, wie mangelhaft ich bin, wurde mir zur zweiten Natur. Oft habe ich im Gebet wild umhergesucht, um herauszufinden, warum ich anscheinend irgendeinen Test nicht bestehen konnte, von dem ich nicht einmal wusste, dass ich daran teilnahm.

Schließlich zeigte mir Gott, dass er mich nicht daran maß, ob ich »genug« war. Die Ehe ist etwas anderes, als ein Pfadfinderinnen-Abzeichen zu verdienen, für das ich meine Lektionen lernen und aufsagen musste, bis ich genügend Punkte zusammenhatte. Stattdessen ist die Ehe eine Gabe, mit der Gott einige beschenkt, andere nicht. Es geht nach seiner Gnadenwahl, was auch für alle anderen guten Gaben gilt.

Als ich begriffen hatte, dass ich keinen Ehemann »verdienen« konnte – weder durch Gebete noch durch bestandene Prüfungen oder durch irgendeine andere, uns Menschen bekannte Methode – da fing ich an, das zu tun, wozu ich berufen war: in vollem Maß und innerlich zufrieden das Leben zu führen, das Gott für mich bestimmt hatte. Ich entschloss mich, mit meinem Flugzeug nicht mehr den Flughafen der Ehe zu umkreisen, sondern ohne Partner fortzufliegen. So erhob ich mich zu innerer Liebe zu Gott, die mit jedem Tag inniger und reicher wird. Meine Gebete wandten sich von dem aufreibenden Nachdenken, wo mein so zöger-

licher Ehemann wohl stecken mochte, zu dem Zustand, in dem ich die Beziehung zu Gott genießen konnte. Und gewiss, Gott hat mich doch noch mit der Gabe der Ehe beschenkt, aber erst viele Jahre, nachdem ich mich entschlossen hatte, mich zu Gott zu erheben, und dort habe ich mit Freuden meinen Geliebten in meinem erfüllten Leben willkommen geheißen.

– Katherine

LASS GOTT ZEIT, GROSSES ZU BEWIRKEN.
JE GRÖSSER DAS WERK,
DAS ER PLANT, UMSO MEHR
MAG DIE GEBETSVORBEREITUNG DAFÜR NÖTIG SEIN,
EINSCHLIESSLICH DES GEBETS UM FÜHRUNG.
GOTT WARTET OFT,
DAMIT ER UMSO GNÄDIGER SEIN KANN.

Wesley L. Duewel

Ein Gebet für ihn

Lieber Herr, ich bete für den Mann, den Du für mich vorgesehen hast, und ich will treu sein im Beten, selbst wenn es viele Jahre dauern sollte, bis ich ihm begegne. Ich bitte Dich, Herr: Wenn wir nach Deinem Plan erst sehr spät zusammenkommen werden, dann mögest Du ihn mit Geduld ausrüsten. Ich bitte darum, dass sich sein Herz nicht gegen Dich verhärtet, weil er so lange warten muss. Ich bitte darum, dass er die Leere nicht mit ungesunden Angewohnheiten und mit Gottlosigkeit ausfüllt. Ich bitte Dich, Du wollest ihn zu Dir umkehren lassen, damit Du sein Herz mit Liebe füllen kannst.

Auch bitte ich Dich, Du wollest meinen zukünftigen Ehemann mit allem zufrieden sein lassen, was Du ihm gibst und was Du ihm nimmst. Niemand bekommt im Leben alles, was er sich wünscht, und ich bitte für meinen zukünftigen Ehemann, er möge mehr nach himmlischen als nach irdischen Dingen trachten. In Jesu Namen. Amen.

Ein Gebet für mich

Lieber Herr, ich muss bekennen, dass ich mir das Zusammentreffen mit meinem zukünftigen Ehemann am liebsten eher früher als später vorstelle. Ich muss bekennen, nicht sehr gut im Warten zu sein, und ich neige zur Ungeduld. Und doch weiß ich, dass Dein Plan vollkommen ist. Ich weiß, dass Du mich völlig liebst. Wenn zu Deinem vollkommenen Plan das Warten gehört, nehme ich das auf mich. Und wenn ich unglücklich über das Warten bin, will ich mich zu Dir wenden, dass Du mir hilfst, geduldig zu werden. Herr Jesus, ich danke Dir, dass Du bei mir bist, während ich warte.

In einer Welt, die mir zuruft, immer mehr – und zwar sofort – haben zu wollen, bitte ich Dich: Hilf mir, geduldig zu bleiben. Sprich zu meinem Geist und zu meinem Herzen, wenn ich etwas wünsche, was ich nicht haben soll, und wenn ich aufgrund meiner Sehnsüchte mehr begehre, als nötig ist. Ich weiß, Herr, dass Du mir nicht alles gibst, was ich wünsche; aber ich danke Dir, dass Du mir alles gibst, was ich brauche.

Herr, ich bitte Dich, sei der Führer meines Lebens. Ich möchte ein ganz erfülltes Leben führen. Es geht mir darum, geistliche Abenteuer mit Dir zu erleben. Wenn es Dir gefällt, dass mein zukünftiger Ehemann gerade während eines solchen Abenteuers mit mir zusammentrifft, dann danke ich Dir. Und wenn Du beschließt, mich warten zu lassen, dann danke ich Dir auch. Ich vertraue Dir, Herr Jesus. Amen.

DA WURDE ICH IN SEINEN AUGEN WIE EINE,
DIE FRIEDEN FINDET.

Hoheslied 8,10

Meine Gedanken

über meinen zukünftigen Ehemann und mich, was die Zufriedenheit angeht

....

....

....

....

....

....

....

Diskussionsfragen

1. Welchen Träumen jagst du während des Wartens auf deinen zukünftigen Ehemann nach?

2. Nenne einige Dinge, die dir besonders lieb sind. Wie würdest du dich fühlen, wenn man sie dir wegnähme?

3. Warum hältst du es für wichtig, für deinen zukünftigen Ehemann um Zufriedenheit zu bitten?

4. Warum ist es wichtig, dasselbe auch für dich zu erbitten?

5. Lies Philipper 4,11-13. Auf welche Weise hast du Geduld und Zufriedenheit gelernt?

6. Wie kannst du in deiner Beziehung zu Gott – dem deine wahre Liebe gilt – wachsen, während du auf deinen zukünftigen Ehemann wartest?

7. Bist du bereit, das Leben zu führen, zu dem dich Gott berufen hat – auch wenn es nicht die Ehe mit einschließt? Wie kannst du Gott zu dem Geliebten deiner Seele machen?

8. Durch wen oder was wirst du definiert?
   a. durch Gott;
   b. durch deinen Besitz;
   c. durch deine Personalität;
   d. durch deine vergangenen Fehler;
   e. durch das, was du bisher geschafft hast;
   f. durch alles von a bis e.

9. Musst du aufgrund deiner eben gemachten Aussagen hinsichtlich deines Selbstbilds etwas richtigstellen?

10. Was gefiel dir besonders gut in dem Gedicht von Josiah Schwartz? Warum?

11. Hältst du die Ehe für ein Geschenk oder für eine Belohnung dessen, was du getan hast? Entsprechen deine Taten der richtigen Antwort auf diese Frage? Musst du deine Vorstellungen oder deine Taten korrigieren?

13

Bitte um Verbindlichkeit

**BEFIEHL DEM HERRN DEINE WERKE,
UND DEINE GEDANKEN WERDEN ZUSTANDE KOMMEN.**

Sprüche 16,3

Robin

Als unser Sohn fünfzehn war, fuhr er in ein Sommerlager. Am letzten Abend lud ihn ein Mädchen ein, abends zu ihr nach unten ans Wasser zu kommen. Sie sagte ihm, sie hätte sich entschieden, dass er der erste Junge sein sollte, der sie jemals geküsst hätte, und das könnte er heute Abend tun. Offensichtlich haben sich die Sommerlager seit meiner Mädchenzeit nicht verändert!

Eins aber ist doch anders geworden. Einer neuen Generation junger Männer wurde gesagt, dass wahre Liebe wartet, und sie glaubt es. Unser Sohn (der wie sein Vater Ross heißt) ist einer dieser jungen Leute. Er entschied sich, nicht hinunter zum Wasser zu gehen, um das Mädchen zu treffen, das bereit war, sich küssen zu lassen. Stattdessen traf er eine andere Entscheidung. Er entschloss sich, für sich selbst einen Reinheitsring aus Klebeband anzufertigen. Ja, aus Klebeband.

Das Mädchen kam zu Ross, als er half, eines der Versammlungszelte im Lager abzubauen. Als sie fortging, fand er zufällig ein langes Stück Klebeband, mit dem der Mittelpfosten befestigt war. Ihn beeindruckte, dass dieses eine Stück Klebeband etwas Entscheidendes bewirkte: Es trug zur Stabilität des gesamten Zeltes bei, das seinerseits so vielen Leuten eine wetterfeste Unterkunft bot.

Ross machte aus dem Klebeband-Ende einen lose passenden Ring, den er um den Fußknöchel wand. Er wickelte noch mehrere Lagen Klebeband darum, bis er eine verrückt aussehende »Fußfessel« hatte, die nur entfernt werden konnte, indem man sie durchschnitt. Die Leute im Lager fragten ihn, ob er die Leash für sein Boogiebrett[15] verloren habe, weil es so aussah, als hinge nur noch die Schlaufe davon an seinem Fuß.

Er kam mit diesem eigenartigen Schmuck von dem Lager zurück, und ich fragte ihn natürlich, was das zu bedeuten habe.

»Etwas, was mir hilft, mein Versprechen zu halten.«

»Welches Versprechen?«

15 A. d. H.: Es geht um ein Surfbrett zum Drauflegen, das man beim Wellenreiten nutzen kann. Die erwähnte Leash ist eine Art Fangleine, die am Surfbrett bzw. an den Handgelenken und/oder Knöcheln befestigt wird. Sie ist im Grunde eine Sicherheitsvorkehrung, damit man insbesondere bei starkem Wellengang seinem Surfbrett nicht hinterherschwimmen muss, wenn man heruntergerutscht ist.

»Alle meine Küsse und auch sonst alles für meine zukünftige Ehefrau aufzubewahren. Wenn ich heirate, will ich ihr eine Schere geben, und sie soll diejenige sein, die das von meinem Fuß ablöst.«

Ross machte dieses Versprechen, als er fünfzehn war. Mit achtzehn trug er dieses Gebinde noch immer. Da fügte er eine weitere Lage hinzu, weil der ursprüngliche Ring sehr dünn geworden war. Als er einundzwanzig war und mehr als sechstausend Kilometer von zu Hause entfernt eine eigene Wohnung bezogen hatte, hielt er sein Versprechen immer noch. Mit fünfundzwanzig war das Zeichen seines Versprechens immer noch so fest an seinem Ort wie sein Versprechen gegenüber seiner zukünftigen Frau, die er noch nie gesehen hatte.

Dieses Band war unmöglich zu verstecken. Selbst wenn er Socken trug, konnte jeder sehen, dass er etwas Dickes um den einen Knöchel trug.

Man neckte ihn, dass er unter Hausarrest stehe, und er erntete unverständige Blicke, wenn neue Freunde ihn fragten, was das zu bedeuten habe.

Über die Jahre pflegte Ross die Tradition, eine verstärkende Lage Klebeband anzubringen, wenn die augenblickliche Lage zu dünn geworden war. Und wenn er die wieder dicker gewordene »Fußfessel« fertig hatte, bat er Gott, sich an ihn zu erinnern und eine gottesfürchtige Frau in sein Leben zu bringen, die sich ebenfalls für ihn aufbewahrte. Je älter er wurde, desto kleiner wurde die Zahl der Frauen, die »nach einem Helden Ausschau hielten«.

Aber es gab eine. Und ja, sie war die eine. Die eine Frau, die Gott für unseren Sohn vorbereitet hatte, bereits bevor er geboren war.

Einige Wochen nach seinem 27. Geburtstag stand er mit einem Lächeln am Traualtar, das das Herz seiner Mutter jubeln ließ. Die geliebte Braut kam durch das Kirchenschiff auf ihn zu, geschmückt mit schimmerndem Weiß. Das war der Tag, auf den die beiden gewartet hatten, und nichts aus ihrer Vergangenheit belastete die Heiligkeit dieses Augenblicks.

Als mein Sohn seine Braut küsste, applaudierten die Gäste. Dann gaben sich Braut und Bräutigam die Hände, schritten aus der Kirche hinaus und entfernten sich von allen Gästen, die sich schon auf die Feier freuten. Ross übergab seiner Frau eine Schere, und sie schnitt alle Lagen des Klebebandes durch, bis es sich vom Knöchel löste.

Das Band eines zwölfjährigen Versprechens.

Küsse, die von Rechts wegen nur seiner Braut gehörten, wurden nicht auf leichtfertige Weise an ein Mädchen in einem Sommerlager verschenkt. Stattdessen traf Ross in jenem Sommer eine Entscheidung, als er fünfzehn war. Er beschloss, sich an seine zukünftige Ehefrau zu binden, bevor er ihr begegnet war. Alle jene Küsse, die er anderen willigen Mädchen in diesen zwölf Jahren des Wartens hätte geben können, hatte er aufgehoben und bewahrt.

An diesem Tag machte mein Sohn seiner Frau zwei Hochzeitsgeschenke. Das erste war ein Paar Diamant-Ohrringe, und das zweite war, dass er sein Versprechen gehalten hatte. Ich meine, nicht sagen zu müssen, welches von beiden für das Herz der Braut den höheren Wert hatte.

Bitte darum, dass sich dein zukünftiger Ehemann dauerhaft verpflichtet

DER GLAUBE ABER IST
EINE VERWIRKLICHUNG DESSEN,
WAS MAN HOFFT,
EINE ÜBERZEUGUNG VON DINGEN,
DIE MAN NICHT SIEHT.

Hebräer 11,1

Tricia

Ich erinnere mich, wie ich mit meinem zweijährigen Sohn Cory kuschelte und für seine zukünftige Frau betete. Das schien irgendwie eigenartig zu sein, weil ich gerade dabei war, ihm beizubringen, aufs Töpfchen zu gehen und bis zehn zu zählen!

Als Cory älter wurde, kam sein liebenswertes Wesen zum Vorschein. Cory ist einer, der mich im Beisein seiner Freunde in die Arme nimmt. Als er größer wurde als ich, begrüßte er mich jeden Morgen mit einem Kuss auf die Stirn. Ich wusste, dass seine Zukünftige irgendwann eine glückliche Frau sein würde. Sein freundliches und fürsorgliches Herz würde ein wunderbares Geschenk an seine zukünftige Braut sein.

Cory hatte einige Freundinnen auf der Highschool, und jede machte er mit seinem Ziel bekannt. Er wollte sich und seine Reinheit für seine zukünftige Frau bewahren. Darüber war ich sehr froh. Cory wurde von einer Teenie-Mutter geboren und kam unehelich zu Welt; aber das wirkte sich nicht darauf aus, wie er sein Leben mit und für Gott gestalten wollte. Wenn überhaupt, dann stärkte das nur seinen Entschluss. Er hatte mein Elend gesehen. Er hatte gehört, wie ich über meinen Kummer geredet habe, und so wählte er einen besseren Weg.

Als Cory älter wurde, hörte ich nicht auf, für seine zukünftige Ehefrau zu beten. Ich wusste, dass er dasselbe tat. Manchmal sah ich mir die Mädchen an, mit denen er befreundet war, und dachte: ›Ist das nun die eine?‹ Manchmal kam es mir so vor, als ob ich beinahe genauso eifrig war wie er, endlich die junge Frau zu finden, für die ich so lange gebetet hatte.

Eines Nachmittags kam Cory von der Arbeit nach Hause und erzählte mir von einer jungen Frau namens Katie, die er beim Volleyball getroffen hatte. Sein Gesicht strahlte, als er mir von ihrer tollen Persönlichkeit berichtete, von ihrer positiven Lebenseinstellung, von ihrer Liebe zu Gott und davon, wie bewundernswürdig sie sei. Als John und ich Katie kennenlernten, waren auch wir von ihr angetan. Ich betete eifriger. Cory und Katie taten dasselbe. Beide hatten sie gewartet und gehofft, und beide hatten sich in allem bewahrt. Nun fragten sie sich, ob ihre Gebete bald beantwortet sein würden.

Im vorigen Sommer saß ich in der ersten Reihe bei der Hochzeit meines Sohnes. Mir kamen die Tränen, als ich die Braut *und*

den Bräutigam in Weiß erblickte. Cory hatte gewartet und sich für seine Braut bewahrt. Sie hatte gewartet und sich für ihn bewahrt. Sie starteten ihre Ehe frei von alten Bindungen.

Als ich sah, wie Katie den Ring auf Corys Finger steckte, jubelte mein Herz. Er hatte sich mit dieser jungen Frau auf Lebenszeit verbunden. Dabei wusste ich, dass die vor ihnen liegende Straße nicht ohne Fehler sein würde; aber ebenso wusste ich, dass ihre Verbindlichkeit in all den vielen Dingen – Familie, Freunde, Glaube und Dienst, um nur einiges zu nennen – sie für diese große, heilige, in vielfacher Hinsicht einzigartige Verbindlichkeit vorbereitet hatte.

›Das ist sie also‹, dachte ich, als ich meine neue Schwiegertochter ansah. ›Das Mädchen meiner Gebete. Die Frau der Träume meines Sohnes.‹

Ich habe noch drei weitere Kinder, für die ich ebenso bete, und ich möchte herzlich gern sehen, was Gott für sie vorbereitet hat. Ich weiß, dass Gott aufrichtige Gebete immer erhört; aber es liegt an jedem selbst, ob er verbindlich werden will. Es liegt an uns, ob wir stark bleiben, wenn andere fallen. Ich weiß, dass mein Sohn dankbar ist, es getan zu haben. Und dasselbe weiß ich von Katie ebenfalls.

Er küsse mich
mit den Küssen seines Mundes,
denn deine Liebe ist besser als Wein.

Hoheslied 1,2

Und wie steht es um dich?

Verschenkst du leichtfertig deine Küsse, oder bewahrst du sie für den einen, dem sie rechtmäßig gehören? Bist du ein Mensch, auf den man sich verlassen kann, dass er sein Versprechen hält? Wenn du etwas vorhast oder irgendwo zu einer bestimmten Zeit sein willst, können sich deine Freunde und deine Familie darauf verlassen, dass du Wort hältst? Erkennst du dich selbst als Antwort auf die Gebete von irgendjemandem (oder vieler Leute)?

WENN DU GOTT EIN GELÜBDE TUST,
SO ZÖGERE NICHT, ES ZU BEZAHLEN;
DENN ER HAT KEIN GEFALLEN AN DEN TOREN.
WAS DU GELOBST, BEZAHLE.

Prediger 5,3

SIE BETETE ... GOTT ANTWORTETE

Schon als ich noch klein war, wurde mir erzählt, dass der, den ich einmal heiraten würde, etwas Besonderes sein müsste. Wenn ich also einen Jungen anschaute, ob er vielleicht ein Freund für mich sein könnte, dann wusste ich, er müsste etwas Besonderes an sich haben, sonst wäre er nicht der Richtige. Ich erinnere mich, ein Lied gehört zu haben, in dem das Mädchen betete, ihr Zukünftiger möge auf sie warten und sich für sie bewahren. Ich hatte zuvor noch nie etwas davon gehört – Gebet für einen Mann, den man heiraten will, aber den man noch nie gesehen hat. Toll! So begann ich denn, für meinen zukünftigen Ehemann zu beten.

Ich betete, er möge auf mich warten, und ich wusste, dass ich auf ihn warten wollte.

Ungefähr sieben Jahre später traf ich Cory. Ich wusste nicht, dass er der Mann sein würde, den ich heiraten sollte. Ich wusste, dass er Gott liebte, und ich fing an, für ihn zu beten, er möge stark bleiben im Glauben und an dem festhalten, was wir beide für unseren zukünftigen Partner bewahren wollten. Auch bat ich, er möge der Mann meiner Träume sein. Ich wusste nicht, dass es nicht mehr lange dauern sollte, bis ich begriff, dass Cory **tatsächlich** *der Mann meiner Träume war! Das Beten für meinen zukünftigen Ehemann half mir, im konkreten Fall genau herauszufinden, was ich wünschte und nötig hatte und was ich im weiteren Leben auf keinen Fall missen wollte. Gott erhörte meine Gebete mehr, als ich mir jemals vorstellen konnte.*

– Katie

Beten – aber wie?

Wie kann ich für meinen zukünftigen Ehemann beten, dass er verbindlich wird?

- Bitte, dass er in kleinen Dingen treu ist und beispielsweise immer hält, was er versprochen hat.
- Bitte, dass er dich als die rechtmäßige Empfängerin aller Ausdrücke intimer körperlicher Zuneigung betrachtet und alle seine Küsse in ein »Sparschweinchen« steckt und sie für dich aufhebt.
- Bitte darum, dass sich andere in seinem

Leben mit ihm vereinen, um für seine zukünftige Frau – für dich – zu beten.

- Bitte, dass sein Glaube wächst und er daran festhält, in rechter Weise zu leben und zu warten, selbst wenn er dich nicht kommen sieht.

WAHRER GLAUBE ZEIGT SICH IN UNSEREM TUN.

Francis Chan

Ein Gebet für ihn

Lieber himmlischer Vater, es gibt so viele Jungen in der Welt, die sich scheuen, verbindlich zu werden und das Rechte zu tun. Aber ich bitte Dich für meinen zukünftigen Ehemann, dass er nicht dazugehört. Herr, ich bitte Dich, Du mögest ihm Entschlossenheit geben, sich ganz und gar zu bewahren – für mich. Ich bitte Dich, ihm Kraft zum Durchhalten zu geben. Ich bitte Dich, Du wollest ihm Geduld und Ausdauer geben, wenn die Jahre dahingehen.

Herr, ich danke Dir, dass es immer noch Helden gibt, und ich freue mich darauf, dem meinen zu begegnen. Möge sein Glaube die Antriebskraft seiner Taten in allen großen und kleinen Dingen sein. Möge er in allen Lebenslagen lernen, verbindlich zu sein, damit er auf die Verbindlichkeit unserer Ehe vorbereitet wird.

Ich bitte Dich, Du wollest ihn auf seiner Reise nicht alleinlassen, sondern vielmehr noch andere aus seiner Umgebung herbeibringen, die mit ihm und für ihn beten. Ich weiß, dass Dein vollkommener Plan hier auf Erden zustande kommen wird und dass deshalb seine Gebete, meine Gebete und die Gebete anderer wichtig sind.

Ich danke Dir für die Verbindlichkeit, die Du für meinen zukünftigen Ehemann vorbereitet hast, Herr, und die ihm allezeit zur Verfügung steht. Dafür preise ich Dich. In Jesu Namen. Amen.

Ein Gebet für mich

Herr, Gott, ich habe dieses Buch zur Hand genommen; mir ging es sehr darum, all die richtigen Gebete zu sprechen, damit Du dafür sorgst, dass mir mein zukünftiger Ehemann eines Tages begegnet. Was ich nicht erwartet hatte, war, dass ich dadurch an so vielen Stellen herausgefordert wurde. Herr, heute weiß ich, dass ich mich ändern muss. Ich brauche Verbindlichkeit.

Viele Jahre, Herr, dachte ich nur an das, was ich wünschte, ohne daran zu denken, was ich beisteuern könnte. Ich weiß heute, dass das, was ich einzubringen habe, einige erstaunliche Gaben sind: erstens meine Gebete, dann mein Herz und dann meine Hingabe.

Vater, ich weiß, dass ich bis zum Himmel nicht vollkommen sein werde; aber ich will das nicht als Entschuldigung benutzen, Dich nicht zu suchen und Dich nicht zu bitten, mich zu verändern. Zeige mir alles, wo ich Dir nicht so folge, wie ich es sollte. Stärke mich, dass ich so leben kann, wie es Deinem Plan entspricht. Möge meine Hingabe an meinen zukünftigen Ehemann von Tag zu Tag wachsen. In Jesu Namen. Amen.

Lasst uns das Bekenntnis der Hoffnung unbeweglich festhalten (denn treu ist er, der die Verheißung gegeben hat).

Hebräer 10,23

Meine Gedanken

über meinen zukünftigen Ehemann und über mich, was Verbindlichkeit betrifft

Diskussionsfragen

1. Auf welche Weise zeigt dein Leben, dass du bereit bist, auf deinen Helden zu warten?

2. Auf welchen Gebieten deines Lebens brauchst du mehr Glauben?

3. Welche Paare in deinem Umfeld sind treu und verbindlich, während sie gemeinsam auf dem Glaubensweg voranschreiten? Wer sind sie, und auf welche Weise inspirieren sie dich?

4. Verschenkst du leichtfertig Küsse, oder sparst du sie für den auf, dem sie rechtmäßig zustehen? Was kannst du tun, um dich daran zu erinnern, gegenüber deinem zukünftigen Ehemann verbindlich zu bleiben (so wie Ross den am Knöchel befestigten Ring benutzte oder wie man einen Ring oder eine Halskette trägt, um Reinheit zu symbolisieren)?

5. Was hast du unternommen, um deine Freunde und Angehörigen zu veranlassen, dich als ***zuverlässig*** zu bezeichnen?

6. Was hast du getan, dass sie dich als ***unzuverlässig*** bezeichnen?

7. Welche Veränderungen möchtest du vornehmen, damit die Leute anders über dich denken? Wie kannst du sie davon überzeugen, dass du dich verändert hast?

8. Was bedeutet das Wort ***Verbindlichkeit*** für dich?

9. Glaube zeigt sich am besten durch Taten. Wodurch hast du in letzter Zeit deinen Glauben unter Beweis gestellt?

10. Auf welche Weise haben deine Taten deinem zukünftigen Ehemann deine Verbindlichkeit bewiesen?

11. Wer vereint sich in deinem Leben mit dir zum Gebet für deinen zukünftigen Ehemann? Auf welche Weise helfen diese Gebete?

12. Mit wem sonst kannst du wegen deines zukünftigen Ehemanns beten?

Ein Schlussgedanke

von Robin und Tricia

Wir mögen alle gern eine wunderschöne Liebesgeschichte hören. Wir neigen besonders zu solchen Geschichten, wenn wir Filme, Romane und Musikstücke auswählen, und wir folgen den Schauspielern oder Romanhelden oder lassen uns bei ihren Liedern auf die Reise mitnehmen. Trotz allen Liebeskummers, aller Widerstände und Herausforderungen spüren wir in unserem Innern tiefe Übereinstimmung, wenn wir echte Liebe und Hingabe miterleben. Und wenn zwei Menschen in einer solchen Geschichte zusammenkommen, dann möchten wir am liebsten und aus tiefstem Herzen einen Seufzer der Erleichterung ausstoßen. Wir alle möchten, dass dies irgendwie Teil unserer eigenen Lebensgeschichte ist.

Das Geheimnisvolle bei dem Ganzen ist, dass man nicht weiß, ob unsere Lebensgeschichte eine großartige Romanze enthalten wird. Aber du ***weißt sehr wohl***, dass du Teil einer größeren Liebesgeschichte bist, die bis in die Ewigkeit hineinreicht. Ein Bräutigam, der kein anderer als der Herr Jesus ist, hat versprochen, eines Tages zu kommen, um dich zu sich zu nehmen, damit du für ewig bei ihm bist.

Wenn man an Elizabeths ergreifende Geschichte und an die Worte zurückdenkt, die sie in ihren Briefen an ihren zukünftigen

Mann geschrieben hat, dann erinnert uns das daran, dass ***die*** Liebesgeschichte letztendlich die Geschichte von Gottes nie versiegender Liebe zu uns ist. Er nennt uns, die Gläubigen, »die Braut Christi«, und er lädt uns zum »Hochzeitsfest des Lammes« ein. Alles Verlangen, das in unseren Herzen schlummert – nämlich gesucht, gefunden, begehrt und für immer geliebt zu werden –, hat der Gott, der uns erschaffen hat, dort in unsere Herzen hineingelegt. Gott ist der unablässig Liebende. Wir sind seine erste Liebe, und er hat nie aufgehört, sich um uns zu bemühen, weil er uns für immer bei sich haben will. In allen irdischen Liebesgeschichten finden sich Dinge wieder, die auf das Thema dieser ewigen Geschichte zurückgehen, und diese wurde vom Anfänger und Vollender unseres Glaubens geschrieben (siehe Hebräer 12,2).

Wird deine irdische Liebesgeschichte wahr werden? Für dich und viele andere Leserinnen wird das geschehen. Dass du mit deinem zukünftigen Ehemann zusammenkommst, kann in naher Zukunft geschehen ... oder es kann noch Jahre dauern. Es kann eine schnelle Romanze werden. Es kann aber auch sein, dass du dich ganz allmählich verliebst. Das kann so vor sich gehen, wie du es dir vorgestellt hast, aber auch so, wie du es dir nie erträumen konntest. Für manche, wie für Elizabeth, wird ihre Liebesgeschichte erst wirklich wahr werden, wenn sie in den Himmel kommen und dort ihrem Geliebten zum ersten Mal in die Augen blicken.

Wenn der Tag kommt, an dem deine Liebesgeschichte von deinen nächsten Freunden und Angehörigen gefeiert wird, wirst du begreifen, dass sich alle Gebete gelohnt haben. Jedes Wort, das von einem sanften Herzen geflüstert wurde, ist kostbar für Gott. Keine Bitte bleibt unerhört. Kein Augenblick, den du mit deinem himmlischen Vater verbracht hast, ist verschwendete Zeit gewesen.

Du wirst sogar wünschen, mehr gebetet zu haben. Warum? Weil deine Gebete die ersten Geschenke sind, die du deinem zukünftigen Ehemann machst – Gaben, an denen der Himmel Anteil hat, Gaben, die du vorausgeschickt hast, bevor ihr zwei euch auch nur begegnet seid. Ist das nicht toll?

Wir haben noch ein anderes Geheimnis, das wir dir mitteilen möchten. Als wir dieses Buch schrieben, haben wir für dich gebetet. Ja, obwohl wir nicht wissen, in wessen Hände dieses Buch kommen wird und wer es liest, beten wir jetzt für alle, die diese Worte lesen und auf ihre Herzen wirken lassen. Wir bitten Gott, er möge eine starke Generation von Mädchen aufwachsen lassen, die ihn lieben und die jetzt im geistlichen Bereich für die Männer dieser Generation kämpfen wollen. Wir laden dich ein, eine dieser stillen Kämpferinnen zu werden. Vor dir stehen große Aufgaben. Um mitmachen zu können, hast du schon längst alles, was du dazu brauchst, und du weißt, was du zu tun hast. Wie wir am Anfang dieses Buches gesagt haben, ist das Gebet ein außerordentliches Geheimnis. Was genau passieren wird, wenn du erst einmal angefangen hast, für deinen zukünftigen Ehemann zu beten? ...

Es gibt nur einen Weg, das herauszufinden ... **BETE!**

Ströme in der Wüste

Wir haben nicht darüber zu bestimmen, wie Gott den rechten Zeitpunkt wählt. Wenn das Feuer nicht mit dem ersten Streichholz entflammt, müssen wir es noch einmal versuchen. Gott hört unsere Gebete bestimmt, aber er muss sie nicht in dem Augenblick beantworten, den wir in unseren Gedanken bestimmt haben. Stattdessen will er sich unserem suchenden Herzen offenbaren, wenn auch nicht unbedingt, wann und wo wir es erwarten mögen.

Darum brauchen wir Ausharren und standhafte Ausdauer in unserem Gebetsleben. ... Darum sollten wir niemals verzagen. Gottes Gnadenzeit wird kommen – ja, sie ist schon gekommen, sobald unsere Zeit, es zu glauben, gekommen ist. Bitte im Glauben, ohne zu schwanken; aber höre nie auf, dem König deine Bitten vorzutragen, nur weil er mit seiner Antwort gezögert hat. Reiße ein anderes Streichholz an und lass die Funken fliegen. Doch pass auf, dass dein Zunder trocken ist; denn du wirst schon bald Feuer haben.

– Charles Haddon Spurgeon

Weitere Bibelstellen

Wie bete ich richtig für ihn?

Überall in diesem Buch haben wir über Wesensmerkmale gesprochen, für die es sich zu beten lohnt, dass Gott sie deinem zukünftigen Ehemann schenken möge. Und wir haben dazu auch einige vorformulierte Gebete eingefügt. Doch wenn du nach weiteren Hilfen Ausschau hältst, um fortzufahren, für deinen zukünftigen Ehemann zu beten, haben wir noch einige besonders schöne Bibelverse zusammengestellt, die du verwenden kannst, um dein Herz zu Gott zu erheben, wenn du für deinen zukünftigen Partner kämpfst. Und du kannst auch selbst Bibelverse finden, mit denen du deine Sehnsüchte im Hinblick auf deinen zukünftigen Ehemann – und auch auf dich selbst – vor Gott bringen kannst.

1. Bitte, dass sich dein zukünftiger Ehemann wegen seiner Errettung zu Gott wendet. Bitte darum, er möge Gott als seine Kraft und als Grund für seine Dankeslieder betrachten:

   »Siehe, Gott ist mein Heil; ich will vertrauen und lasse mir nicht grauen; denn Jah, der HERR, ist meine Kraft und mein Lied, und er wurde mir zur Rettung!«

   Jesaja 12,2 (Schlachter 2000)

2. Bitte, dass Gott ihn auf Pfaden der Gerechtigkeit leitet, damit Gottes Name geehrt wird:

»ER ERQUICKT MEINE SEELE, ER LEITET MICH IN PFADEN
DER GERECHTIGKEIT UM SEINES NAMENS WILLEN.«

Psalm 23,3

3. Bitte darum, dass er Gott in allen Nöten anruft:

»ICH ABER BIN ELEND UND ARM. O GOTT, EILE ZU MIR!
MEINE HILFE UND MEIN ERRETTER BIST DU;
HERR, ZÖGERE NICHT!«

Psalm 70,6

4. Bitte, er möge Gott vertrauen und sich nicht fürchten. Bitte, dass Gott seine bewahrende Festung wird:

»MEINE STÄRKE, AUF DICH WILL ICH ACHTEN;
DENN GOTT IST MEINE HOHE FESTUNG.«

Psalm 59,10

5. Bitte darum, dass Gottes Angesicht über ihm leuchtet:

»DER HERR SEGNE DICH UND BEHÜTE DICH!
DER HERR LASSE SEIN ANGESICHT ÜBER DIR LEUCHTEN
UND SEI DIR GNÄDIG! DER HERR ERHEBE SEIN ANGESICHT
AUF DICH UND GEBE DIR FRIEDEN!«

4. Mose 6,24-26

6. Bitte darum, dass er sich in allem Gott unterwirft:

»ERKENNE IHN AUF ALLEN DEINEN WEGEN,
UND ER WIRD GERADE MACHEN DEINE PFADE.«

Sprüche 3,6

7. Bitte für ihn um ein empfängliches Herz, das gern Gottes Belehrungen annimmt:

»DEN HERRN WERDE ICH PREISEN, DER MICH BERATEN HAT;
SOGAR BEI NACHT UNTERWEISEN MICH MEINE NIEREN.«

Psalm 16,7

8. Bitte darum, dass er sich zu Gott wie zu einem starken Turm flüchtet:

»DER NAME DES HERRN IST EIN STARKER TURM;
DER GERECHTE LÄUFT DAHIN UND IST IN SICHERHEIT.«

Sprüche 18,10

9. Bitte darum, Gott möge sein Bergungsort sein:

»DU BIST EIN BERGUNGSORT FÜR MICH;
VOR BEDRÄNGNIS BEHÜTEST DU MICH;
DU UMGIBST MICH MIT RETTUNGSJUBEL.«

Psalm 32,7

10. Bitte darum, dass er sich an Gott erfreut und dass er Gottes Wohlgefallen mehr sucht als sein eigenes – und dass Gott ihm das Begehren seines Herzens gewähren kann:

»HABE DEINE LUST AM HERRN, SO WIRD ER DIR GEBEN,
WAS DEIN HERZ BEGEHRT!«

Psalm 37,4 (Schlachter 2000)

11. Bitte darum, dass er sich eine passende Hilfe wünscht:

»Und Gott der HERR sprach: Es ist nicht gut,
dass der Mensch allein sei;
ich will ihm eine Hilfe machen, die ihm entspricht.«

1. Mose 2,18

12. Bitte darum, er möge sich in allen Lagen im Gebet an Gott wenden:

»Seid um nichts besorgt,
sondern in allem lasst durch Gebet und Flehen
mit Danksagung eure Anliegen vor Gott kundwerden.«

Philipper 4,6

13. Bitte darum, dass er bewahrt wird, sodass er untadelig bleibt:

»Er selbst aber, der Gott des Friedens,
heilige euch völlig; und euer ganzer Geist
und Seele und Leib werde untadelig bewahrt
bei der Ankunft unseres Herrn Jesus Christus.«

1. Thessalonicher 5,23

14. Bitte darum, er möge seine Fehler einsehen und Mitgefühl mit den Fehlern anderer haben:

»Was aber siehst du den Splitter,
der in dem Auge deines Bruders ist, aber den Balken
in deinem Auge nimmst du nicht wahr?«

Matthäus 7,3

15. Bitte darum, dass er sich auf die Rennbahn begibt und den Preis gewinnt:

»Wisst ihr nicht, dass die, die in der Rennbahn laufen,
zwar alle laufen, aber einer den Preis empfängt?
Lauft nun so, dass ihr ihn erlangt. Jeder aber,
der kämpft, ist enthaltsam in allem; jene freilich,
damit sie eine vergängliche Krone empfangen,
wir aber eine unvergängliche. Ich laufe daher so,
nicht wie aufs Ungewisse; ich kämpfe so, nicht wie einer,
der die Luft schlägt; sondern ich zerschlage
meinen Leib und führe ihn in Knechtschaft, damit ich
nicht etwa, nachdem ich anderen gepredigt habe,
selbst verwerflich werde.«

1. Korinther 9,24-27

16. Bitte darum, dass er fest in Gottes Willen steht:

»Epaphras [ist es], der allezeit für euch ringt
in den Gebeten, damit ihr vollkommen
und völlig überzeugt in allem Willen Gottes steht.«

Kolosser 4,12

17. Bitte darum, er möge an der Hoffnung festhalten, zu der uns Gott berufen hat:

»[Ich bete,] damit ihr, erleuchtet an den Augen
eures Herzens, wisst, welches die Hoffnung
seiner Berufung ist, welches der Reichtum
der Herrlichkeit seines Erbes in den Heiligen

und welches die überragende Grösse seiner Kraft
an uns, den Glaubenden, [ist].«

Epheser 1,18-19

18. Bitte darum, dass er wachend ist:

»... und hierzu wachend in allem Anhalten
und Flehen für alle Heiligen.«

Epheser 6,18

19. Bitte darum, dass er immer von ganzem Herzen die Wahrheit sagt:

»HERR, wer wird in deinem Zelt weilen?
Wer wird auf deinem heiligen Berg wohnen?
Der in Lauterkeit wandelt und Gerechtigkeit wirkt
und Wahrheit redet von Herzen.«

Psalm 15,1-2

20. Bitte darum, dass er ein zufriedenerer Mensch wird:

»Nicht, dass ich dies des Mangels wegen sage, denn
ich habe gelernt, worin ich bin, mich zu begnügen.«

Philipper 4,11

»Die Gottseligkeit mit Genügsamkeit aber
ist ein grosser Gewinn; denn wir haben nichts
in die Welt hereingebracht, so ist es offenbar,
dass wir auch nichts hinausbringen können.

Wenn wir aber Nahrung und Bedeckung haben,
so wollen wir uns daran genügen lassen.«

1. Timtheus 6,6-8

21. Bitte, dass er alles nicht nach der Weise der Welt, sondern nach Gottes Weise macht:

»Seid nicht gleichförmig dieser Welt,
sondern werdet verwandelt durch die Erneuerung
eures Sinnes, dass ihr prüfen mögt, was der gute
und wohlgefällige und vollkommene Wille Gottes ist.«

Römer 12,2

22. Bitte, dass er seine Gedanken unter den Gehorsam Christi stellt:

»... indem wir Vernunftschlüsse zerstören und
jede Höhe, die sich erhebt gegen die Erkenntnis Gottes,
und jeden Gedanken gefangen nehmen
unter den Gehorsam des Christus.«

2. Korinther 10,4-5

23. Bitte darum, dass ihm bewusst ist, wie Gottes Gegenwart ihm Entschlusskraft verleiht:

»Seid stark und mutig, fürchtet euch nicht
und erschreckt nicht vor ihnen! Denn der HERR,
dein Gott, er ist es, der mit dir geht; er wird dich
nicht versäumen und dich nicht verlassen.«

5. Mose 31,6

24. Bitte darum, dass er alle seine Bitten vor Gott bringt:

»Seid um nichts besorgt, sondern in allem lasst durch Gebet und Flehen mit Danksagung eure Anliegen vor Gott kundwerden; und der Friede Gottes, der allen Verstand übersteigt, wird eure Herzen und euren Sinn bewahren in Christus Jesus.«

Philipper 4,6-7

25. Bitte, dass er seinen Sinn auf wertvolle Dinge richtet:

»Im Übrigen, Brüder, alles, was wahr, alles, was würdig, alles, was gerecht, alles, was rein, alles, was lieblich ist, alles, was wohllautet, wenn es irgendeine Tugend und wenn es irgendein Lob gibt, dies erwägt. Was ihr auch gelernt und empfangen und gehört und an mir gesehen habt, dies tut, und der Gott des Friedens wird mit euch sein.«

Philipper 4,8-9

26. Bitte darum, dass er sich Gott unterordnet und dem Teufel widersteht:

»Unterwerft euch nun Gott. Widersteht aber dem Teufel, und er wird von euch fliehen.«

Jakobus 4,7

27. Bitte darum, dass er die Wege der Kindheit verlässt und wächst und reif wird:

»Als ich ein Kind war, redete ich wie ein Kind,
dachte wie ein Kind, urteilte wie ein Kind; als ich
ein Mann wurde, tat ich das weg, was kindlich war.«

1. Korinther 13,11

»... bis wir alle hingelangen zu der Einheit des Glaubens
und der Erkenntnis des Sohnes Gottes,
zu dem erwachsenen Mann, zu dem Mass
des vollen Wuchses der Fülle des Christus.«

Epheser 4,13

28. Bitte darum, dass er seine Zuversicht auf den Herrn setzt:

»Die auf den HERRN harren, gewinnen neue Kraft:
Sie heben die Schwingen empor wie die Adler; sie laufen
und ermatten nicht, sie gehen und ermüden nicht.«

Jesaja 40,31

29. Bitte darum, dass er geistliche Kraft gewinnt und Christi Liebe erkennt:

»Deshalb beuge ich meine Knie vor dem Vater
unseres Herrn Jesus Christus, von dem jede Familie
in den Himmeln und auf der Erde benannt wird, damit er
euch gebe, nach dem Reichtum seiner Herrlichkeit
mit Kraft gestärkt zu werden durch seinen Geist
an dem inneren Menschen; dass der Christus

durch den Glauben in euren Herzen wohne, indem ihr in Liebe gewurzelt und gegründet seid, damit ihr völlig zu erfassen vermögt mit allen Heiligen, welches die Breite und Länge und Höhe und Tiefe sei, und zu erkennen die die Erkenntnis übersteigende Liebe des Christus, damit ihr erfüllt sein mögt zu der ganzen Fülle Gottes.«

Epheser 3,14-19

30. Bitte darum, dass er sich mit weisen Freunden umgibt:

»Wer mit Weisen umgeht, wird weise;
aber wer sich zu Toren gesellt,
dem wird es schlecht ergehen.«

Sprüche 13,20

31. Bitte für ihn um Demut:

»Denn ich sage durch die Gnade, die mir gegeben
worden ist, jedem, der unter euch ist,
nicht höher von sich zu denken,
als zu denken sich gebührt, sondern so zu denken,
dass er besonnen sei, wie Gott einem jeden
das Mass des Glaubens zugeteilt hat.«

Römer 12,3

32. Bitte darum, dass er für Unterweisung offen ist:

»Halte fest an der Unterweisung, lass sie nicht los;
bewahre sie, denn sie ist dein Leben.«

Sprüche 4,13

33. Bitte darum, dass er ein Mann ist, der sich für das geistliche Wachstum seiner Familie verantwortlich fühlt:

»Ich aber und mein Haus,
wir wollen dem HERRN dienen!«

Josua 24,15

34. Bitte darum, dass er lernt, so zu lieben, wie Gott es von ihm verlangt:

»Die Liebe ist langmütig, ist gütig; die Liebe neidet nicht,
die Liebe tut nicht gross, sie bläht sich nicht auf,
sie gebärdet sich nicht unanständig,
sie sucht nicht das Ihre, sie lässt sich nicht erbittern,
sie rechnet das Böse nicht zu,
sie freut sich nicht über die Ungerechtigkeit,
sondern sie freut sich mit der Wahrheit,
sie erträgt alles, sie glaubt alles,
sie hofft alles, sie erduldet alles.«

1. Korinther 13,4-7

35. Bitte, dass er sich um andere kümmert und großzügig ist:

»Wer ermahnt, diene in der Ermahnung; wer gibt,
gebe in Einfalt; wer vorsteht, tue es mit Eifer;
wer Barmherzigkeit übt, mit Freudigkeit!«

Römer 12,8 (Schlachter 2000)

36. Bitte darum, dass die Frucht des Geistes in ihm wächst:

»Die Frucht des Geistes aber ist:
Liebe, Freude, Friede, Langmut, Freundlichkeit,
Gütigkeit, Treue, Sanftmut, Enthaltsamkeit.«

Galater 5,22-23

37. Bitte, dass er Frucht bringt und ein Jünger Jesu wird:

»Hierin wird mein Vater verherrlicht, dass ihr viel
Frucht bringt, und ihr werdet meine Jünger werden.«

Johannes 15,8

38. Bitte darum, dass sich sein Charakter bildet, damit er nützlich im Dienst wird und sich bewährt:

»So wendet ebendeshalb aber auch allen Fleiss an,
und reicht in eurem Glauben die Tugend dar,
in der Tugend aber die Erkenntnis,
in der Erkenntnis aber die Enthaltsamkeit,
in der Enthaltsamkeit aber das Ausharren,
in dem Ausharren aber die Gottseligkeit,
in der Gottseligkeit aber die Bruderliebe,
in der Bruderliebe aber die Liebe.
Denn wenn diese Dinge bei euch vorhanden sind
und zunehmen, so stellen sie euch nicht träge
noch fruchtleer hin in Bezug auf die Erkenntnis
unseres Herrn Jesus Christus.«

2. Petrus 1,5-8

39. Bitte, dass Gott seinen Weg bewahrt:

»Er ist ein Schild denen, die in Lauterkeit wandeln,
indem er die Pfade des Rechts behütet
und den Weg seiner Frommen bewahrt.«

Sprüche 2,7-8

40. Bitte, dass er sorgfältig wandelt:

»Gebt nun acht, wie ihr sorgfältig wandelt.«

Epheser 5,15

41. Bitte darum, dass er ein integrer Mann wird:

»Die Unsträflichkeit der Aufrichtigen leitet sie.«

Sprüche 11,3

42. Bitte darum, dass er Gottes Lieder auf den Lippen hat:

»In meinen Mund hat er ein neues Lied gelegt,
einen Lobgesang unserem Gott. Viele werden es sehen
und sich fürchten und auf den HERRN vertrauen.«

Psalm 40,4

43. Bitte darum, dass er den Herrn fürchten und ihn preisen wird:

»Die Furcht des HERRN ist der Weisheit Anfang;
gute Einsicht haben alle, die sie ausüben.
Sein Lob besteht ewig.«

Psalm 111,10

Dank

Zunächst müssen wir Hannah danken. Wir sind Gott und deiner Mutter so dankbar, dass du in letzter Minute doch noch zu dem Essen gekommen bist, zu dem wir dich vor zwei Jahren in Denver eingeladen hatten. Wenn du von diesem Projekt nicht so begeistert gewesen wärest und nicht immer wieder die richtigen Leute angesprochen hättest, wäre dieses Buch wohl nicht herausgebracht worden. Wir sind auch all den Frauen sehr dankbar, die uns die Erlaubnis zur Veröffentlichung ihrer Geschichten gaben. Wie sie beteten und wie Gott Erhörung schenkte – das sind Zeugnisse, die wie Edelsteine in diesem Buch funkeln.

Unser Dank geht ebenso an Rachel Gunn und an Josiah Schwartz. Beide haben uns in Gedichtform ihre Gedanken darüber mitgeteilt, wie sie warteten und Gott vertrauten. Auf welch überwältigende Weise hat er geantwortet! Er hat genau die richtige Person in ihr Leben kommen lassen, mit der sie heute gemeinsam durchs Leben gehen dürfen.

Ein großer Dank geht an unsere wunderbare Lektorin Alice Crider. Von Anfang an hat sie an dieses Projekt geglaubt und uns bei jedem Schritt auf dem Weg zu seiner Fertigstellung ermutigt. Unser Dank gilt auch Janet Grant, unserer fantastischen Beraterin. Ohne ihre Mithilfe hätten wir es nie geschafft! Ihre Handschrift findet sich auf jeder Seite. Sie hat erkannt, welch ein Potenzial in einem solchen Buch steckt. Irgendwie ist es ihr gelungen, zwei kreative Romanschriftstellerinnen immer wieder zu motivieren, sodass ein lesenswertes Sachbuch entstanden ist. Vor allem aber möchten wir unserem himmlischen Vater dafür danken, dass er unsere Gebete erhört und uns beiden Ehemänner gegeben hat, die ihn von Herzen lieben.

Abkürzungen

A. d. H.	Anmerkung des Herausgebers
RELB	***Elberfelder Übersetzung***, revidierte Fassung, Wuppertal: R. Brockhaus Verlag.
Schlachter 2000	***Die Bibel***, übersetzt von F. E. Schlachter (Version 2000), Genf.